25 Jahre Kauderwelsch
Jubiläumsband 4
Englisch 3 in 1

Impressum

25 Jahre Kauderwelsch, Jubiläumsband: Englisch 3 in 1

Doris Werner-Ulrich: **Englisch – Wort für Wort**
François Carlier: **Amerikanisch oder Britisch?**
Veronica Sierra-Naughton: **British Slang – das andere Englisch**

erschienen im Reise Know-How Verlag Peter Rump GmbH
Osnabrücker Str. 79, D-33649 Bielefeld
info@reise-know-how.de

Layout-Konzept Günter Pawlak, FaktorZwo! Bielefeld
Kartographie Iain Macneish
Umschlag Peter Rump
Fotos siehe Fotonachweis am Bild
Druck und Bindung Media-Print Informationstechnologie GmbH , Paderborn

ISBN: 978-3-89416-581-9
Printed in Germany

Dieses Buch ist erhältlich in jeder Buchhandlung Deutschlands, Österreichs, der Schweiz und der Beneluxländer. Bitte informieren Sie Ihren Buchhändler über folgende Bezugsadressen:
Deutschland Prolit GmbH, Postfach 9, 35461 Fernwald (Annerod) sowie alle Barsortimente
Schweiz AVA-buch 2000, Postfach 27, CH-8910 Affoltern
Österreich Mohr Morawa Buchvertrieb GmbH, Sulzengasse 2, A-1230 Wien
Belgien & Niederlande Willems Adventure, ***www.willemsadventure.nl***
direkt Wer im Buchhandel kein Glück hat, bekommt unsere Bücher zuzüglich Porto- und Verpackungskosten auch direkt über unseren Internet-Shop: ***www.reise-know-how.de***
Zu (fast) allen Kauderwelsch-Bänden ist ein **AusspracheTrainer** auf **Audio-CD** erhältlich: in jeder Buchhandlung in Deutschland, Österreich, der Schweiz und den Benelux-Staaten – oder als **MP3-Download** unter ***www.reise-know-how.de***
Der Verlag möchte die **Reihe Kauderwelsch** weiter ausbauen und **sucht Autoren!** Mehr Informationen finden Sie unter ***www.reise-know-how.de/rkh_mitarbeit.php***

25 Jahre Kauderwelsch

Kauderwelsch wird 25! Dieser Jubiläumsband erscheint anlässlich des 25jährigen Bestehens der Reihe Kauderwelsch. Er besteht aus drei Einzelbänden in einem Buch: **Englisch** für die allerersten Schritte in der Fremdsprache; **Amerikanisch oder Britisch?** für alle, die mehr über den „feinen Unterschied" wissen möchten; schließlich **British Slang,** um so richtig in die Umgangssprache einzusteigen.

Die Reihe Kauderwelsch, die 1984 als Globetrotter-Projekt mit Sprachen wie Indonesisch, Arabisch, Russisch und Japanisch begann, hat sich seitdem zu einer der größten Fremdsprachen-Reihen der Welt entwickelt. Es gibt schon über 200 Kauderwelsch-Bände. Was ist das Geheimnis dieses durchschlagenden Erfolges? Kauderwelsch-Bände sind logisch aufgebaut und für jedermann verständlich:

Die **Grammatik** wird in einfacher Sprache so weit erklärt, dass es möglich wird, ohne viel Paukerei mit dem Sprechen zu beginnen, wenn auch nicht gerade druckreif. In einer fremden Sprache unterscheiden sich aber auch **Satzbau** und Ausdrucksweise mitunter recht stark vom Deutschen. Alle Beispielsätze werden deshalb doppelt ins Deutsche übertragen: zum einen **Wort-für-Wort,** zum anderen in „ordentliches" Hochdeutsch. So wird das fremde Sprachsystem sehr gut durchschaubar, und man kann schnell einzelne Wörter in einem Satz austauschen.

Die **Autorinnen** und **Autoren** der Reihe sind Globetrotter, die die Sprache im Land selbst gelernt haben. Sie wissen daher genau, wie und was die Leute auf der Straße sprechen. Deren Ausdrucksweise ist nämlich häufig viel einfacher und direkter als z. B. die Sprache der Literatur oder des Fernsehens.

Besonders wichtig sind neben der gesprochenen Sprache auch **Körpersprache, Gesten, Zeichen** und **Verhaltensregeln.** In allen Bänden der Kauderwelsch-Reihe wird darum besonders auf die nonverbale Kommunikation eingegangen.

Kauderwelsch-Bücher sind keine Lehrbücher, aber viel mehr als Sprachführer! Wenn Sie ein wenig Zeit investieren und einige Vokabeln lernen, werden Sie mit ihrer Hilfe in kürzester Zeit schon Informationen bekommen und Erfahrungen machen, die „sprachlosen" Reisenden verborgen bleiben.

Kauderwelsch

Doris Werner-Ulrich

Englisch

Wort für Wort

© S. Schwieder

Union Jack: Symbol des United Kingdom

Englisch – Wort für Wort

© soundsnaps, Fotolia.com

An den Linksverkehr gewöhnt man sich schnell

Vorwort

Jeder hat es bestimmt schon einmal erlebt: man ist irgendwo im Urlaub, hat aber von der Landessprache keinen blassen Schimmer. Da kann man ganz unverhofft in Situationen kommen, in denen man sich auch nach verzweifelten Gestikulationsversuchen nicht verständlich machen kann. Denn wer ist schon so ein Sprachgenie, dass er all die Sprachen der Länder beherrscht, in die er reist? Es wird von den Einheimischen natürlich positiv aufgenommen, wenn man sich zumindest bemüht, in der Landessprache zu grüßen oder „bitte" und „danke" zu sagen. Das reicht aber nicht aus, um mit den Bewohnern oder Touristen aus anderen Ländern, die man im Urlaub kennen lernt, ein Gespräch zu führen.

Englisch ist zum Glück eine Sprache, die in vielen Regionen auch außerhalb des englischen Sprachraums zumindest einigermaßen verstanden und gesprochen wird. Wenn man sich also einmal überwunden hat, Englisch zu lernen, wird man es auf Reisen immer wieder anwenden können und müssen. Die Mühe lohnt sich also. Die englische Sprache ist für Sprecher des Deutschen zudem gar nicht so kompliziert, weil beide Sprachen der germanischen Sprachgruppe angehören, und es deshalb gewisse Ähnlichkeiten im Vokabular und in der Grammatik gibt.

Gebrauchsanweiung

Dieser Kauderwelsch-Sprechführer ist für Leute gedacht, die bisher kein Englisch gelernt haben oder die ihren bereits einige Jahre zurükkliegenden Englischunterricht erfolgreich verdrängt haben. Dies ist ein Buch für Leser, denen es nicht um eine perfekte Ausdrucksweise geht, sondern die Englisch soweit beherrschen wollen, dass sie sich in allen möglichen Reisesituationen zurechtfinden können. Das Buch ist leicht zu handhaben und gibt dem Benutzer (hoffentlich!) Anregungen zum Weiterlernen.

Der Kauderwelsch Sprechführer Englisch besteht aus folgenden Teilen:

Grammatik

Bei der Behandlung der **Grammatik** beschränke ich mich auf das Wichtigste. Ich verzichte auf die Erklärung aller Details. Sie sind für die Verständigung nicht unbedingt notwendig, weil für viele der Gesprächspartner im Ausland Englisch auch eine Fremdsprache ist und ihnen die Fehler möglicherweise nicht auffallen. Wichtiger ist, dass man erst einmal die Scheu, in einer Fremdsprache zu reden, überwindet.

Konversation

Dabei sollen die vielen Beispielsätze im **Konversationsteil** helfen. Für die Beispielsätze in den einzelnen Kapiteln wurden ganz bewusst einfache Satzstrukturen gewählt, die leicht angewandt, abgewandelt und ergänzt werden können. Dazu dienen die Wortlisten in den einzelnen Kapiteln, aber auch die zusammengefassten **Wörterlisten im Anhang.** Diese umfassen jeweils ca. 1000 Begriffe aus dem allgemeinen Wortschatz.

Wörterlisten

Da sich im Englischen die Aussprache sehr stark von der Schreibweise unterscheidet, ist ebenfalls eine **Lautschrift** (*kursiv*) aufgenommen worden.

Wort-für-Wort-Übersetzung

In allen Wortgruppen und Sätzen, deren deutsche Entsprechung nicht völlig mit dem Orginal übereinstimmt, wurden **Wort-für-Wort-Übersetzungen** beigegeben, damit man die Satzstruktur leichter durchschauen kann. So kann man problemlos andere Wörter in die Beispiele einsetzen. Mit der Wort-für-Wort-Übersetzung können Sie bald eigene Sätze bilden. Die Beispielsätze sind ein Fundus von Satzmustern, die Sie selbst an Ihre Bedürfnisse anpassen können. Mit ein bisschen Kreativität und Mut können Sie sich neue Sätze „zusammenbauen", auch wenn das Ergebnis nicht immer grammatikalisch perfekt ausfällt.

Umschlagklappe

Die Umschlagklappe hilft, die wichtigsten Sätze und Formulierungen stets parat zu haben. Aufgeklappt ist der Umschlag eine große Erleichterung, da die gewünschte Satzkonstruktion mit dem Vokabular aus den einzelnen Kapiteln kombiniert werden kann.

Wenn alles nicht mehr weiterhilft, ist vielleicht das Kapitel „Nichts verstanden? Weiter lernen!" der richtige Tipp. Es befindet sich ebenfalls im Umschlag, um mit der richtigen Formulierung für z. B. „Ich habe leider nicht verstanden." oder „Wie bitte?" auszuhelfen.

Seitenzahlen

Um Ihnen den Umgang mit den Zahlen zu erleichtern, ist auf jeder Seite die Seitenzahl auch auf Englisch angegeben!

Aussprache und Betonung

So einfach vielen Leuten die englische Grammatik erscheint, so kompliziert ist die Aussprache. Da sind selbst Englischprofis nicht immer ganz sattelfest. Deshalb können hier nicht sämtliche Möglichkeiten der englischen Aussprache aufgeführt werden, zumal vieles von einer festen Regel abweicht. Auch die Betonung der englischen Wörter ist nicht so einfach lernbar. Da sie jedoch ziemlich wichtig ist, sind betonte Silben in der Lautschrift unterstrichen.

Das sollte einen nun aber nicht davon abhalten, Englisch zu sprechen. Je mehr man nämlich in der Fremdsprache redet, desto schneller lernt man sie. Einen anderen Weg gibt es nicht.

Mitlaute

Buchstabe		Aussprache	Beispiel
c	*k*	wie in „Kuh“	**clock** *(klock)*
c	*ß*	stimmloses „s“ wie in „Glas“	**circus** *(ßörkès)*
g	*g*	wie in „Gras“	**go** *(gou)*
g	*dsch*	wie in „Dschungel“	**George** *(dschohrdsch)*
j	*dsch*	dsch wie in „Dschungel“	**joke** *(dschouk)*
r	*r*	Zunge an den Gaumen und leicht zurückbiegen	**right** *(reit)*
s	*ß*	stimmloses „s“ wie in „Glas“	**sell** *(ßell)*
sh	*sch*	wie in „Schuh“	**shoe** *(schuh)*
sch	*ßk*	wie in „Skandinavien“	**school** *(ßkuhl)*
sp	*ßp*	nicht wie im Deutschen schp, sondern mit stimmlosem „ß“	**spell** *(ßpäll)*

st	*ßt*	nicht wie im Deutschen scht, sondern mit stimmlosem „s“	**stone** *(ßtoun)*
th	*ð*	Zunge an die oberen Vorderzähne/gelispeltes „s“	**that** *(ðät)*
th	*ɵ*	Zunge an die oberen Vorderzähne/gelispeltes „ß“	**thorn** *(ɵorn)*
v	*w*	wie in „Wagen“	**vote** *(wout)*
w	*w*	ein deutsches „w“ wird von den Leuten verstanden. Eigentlich wie ein ganz kurzes „u“	**window** *(windou)*
y	*j*	wie in „Jacke“	**yes** *(jäß)*
z	*s*	stimmhaftes „s“ wie in „Suppe“	**zoo** *(suh)*

Ein paar Tipps:

das th

Viele Deutsche haben Schwierigkeiten, ein richtiges **th** hinzukriegen. Sollte es nach längerem Üben nicht klappen, kann man das **th** auch als ein „s“ oder ein „ß“ aussprechen. Sprecher anderer Sprachen finden das englische **th** auch schwierig. In manchen Regionen hört man statt **th** ein „d“ oder „t“.

Verdopplung von Mitlauten:

Eine Verdopplung der Mitlaute (ck, nn, mm usw.) in der Lautschrift bedeutet wie im Deutschen, dass der vorangegangene Selbstlaut kurz ausgesprochen wird (z. B.: **book** = *buck*).

Ein „h" nach einem Selbstlaut dehnt diesen Selbstlaut (z. B.: **all** = *ohl*)

Das "-er" am Wortende:

Die Aussprache des „**er**" am Ende eines Wortes oder einer Silbe z.B. (**letter**) ähnelt mehr einem „e" wie im Deutschen: Mutter, Vater. In der Umschrift wurde deshalb das „e" mit einem verkürzendem Akzent versehen: **letter** = *lettèr*.

Betonte Silben werden in der Lautschrift unterstrichen:

expensive	*ikßpännßif*

Ein Verbindungsstrich zwischen zwei Wörtern zeigt an, dass sie ohne Sprechpause wie ein zusammenhängendes Wort ausgesprochen werden:

an apple	*ènn_äppèl*

Folgen in der Lautschrift drei Selbstlaute hintereinander, so wird durch einen Längsstrich gezeigt, welche Selbstlaute zusammengehören:

menstruation	*männßtru | äischèn*

Selbstlaute

Buchstabe		Aussprache	Beispiel
a	*ah*	wie in „Dame“	**last** *(lahßt)*
a	*ä*	etwa wie in „Wäsche“	**back** *(bäck)*
a	*äi*	„ä-i“ einzeln sprechen und „i“etwas zum „j“ werden lassen	**name** *(näim)*
a	*oh*	langes, offenes „o“, etwa wie in „Dorn“, nur länger	**all** *(ohl)*
a/e	*è*	kurzes „e“ wie in „Dose“	**about** *(èbaut)* **the** *(ðè)*
e	*ä*	wie in „nett“	**egg** *(ägg)*
e	*i-è*	langezogen wie in „Ihr“	**here** *(hi-èr)*
e	*äè*	wie in „Herr“	**there** *(ðäèr)*
i	*i*	wie in „dick“	**sick** *(ßick)*
i	*ei*	wie in „Ei“	**nice** *(neiß)*
i	*ö*	offenes, langes „ö“ wie in „Segeltörn“	**first** *(föhßt)*
o	*au*	wie in „Laut“	**how** *(hau)*
o	*ou*	o-u schnell hintereinander	**own** *(oun)*
o	*ʊ*	offenes „ʊ“ wie in „Loch“	**not** *(nʊtt)*
o	*oh*	langes, offenes „o“, etwa wie in „Dorn“	**short** *(schoht)*
o	*a*	etwa wie in „Affe“	**love** *(law)*
u	*a*	etwa wie in „Affe“	**bus** *(baß)*
u	*uh*	wie in „pur“	**sure** *(schuhr)*

Wörter, die in fast jedem Satz vorkommen

Es ist sinnvoll, sich zu Beginn einige sehr häufig auftretene Wörter einzuprägen. Ihre Kenntnis kann in vielen Situationen schon sehr gute Hilfe leisten.

yes	*jäß*	ja
no	*nou*	nein
maybe	*mäibih*	kann sein (vielleicht)
perhaps	*pörhäpps*	vielleicht
thank you	*đänk_juh*	danke
please	*plihs*	bitte
and	*änd*	und
or	*or*	oder
with	*wiθ*	mit
without	*wiθaut*	ohne
right	*reit*	richtig/genau
wrong	*rong*	falsch
here	*hi-èr*	hier
there	*đäèr*	da/dort
this	*điß*	dieser/diese/dieses
that	*đätt*	das da
Where is ...?	*wäèr is*	Wo ist ...?
Where are ...?	*wäèr ah*	Wo sind ...?

Artikel

Die meisten Ausländer, die Deutsch lernen müssen, verwenden sehr viel Mühe darauf, den Hauptwörtern den richtigen Artikel zuzuordnen. Das ist im Englischen ganz einfach, denn es gibt keine Unterscheidung der Hauptwörter nach dem Geschlecht und nur einen bestimmten Artikel für alle Hauptwörter: **the.**

the razor	*ðè räisèr*	der Rasierapparat
the socket	*ðè ßockèt*	die Steckdose
the wire	*ðè wei | èr*	das Kabel

Beginnt das Hauptwort mit einem Selbstlaut, so wird **the** wie *ðih* ausgesprochen:

the apple	*ðih äppèl*	der Apfel

Der unbestimmte Artikel **a** gilt auch für alle Hauptwörter.

a car	*è kah*	ein Auto
a brake	*è bräik*	eine Bremse
a house	*è haus*	ein Haus

Der unbestimmte Artikel **a** wird kurz ausgesprochen wie das „e" in „Hose". Folgt ein Hauptwort, das mit einem Selbstlaut anfängt, so wird aus **a** ein **an:**

an apple	*ènn_äppèl*	ein Apfel

Hauptwörter

Im Englischen gilt die einfache Regel, dass an das Hauptwort (Substantiv) einfach ein **-s** angehängt wird, um die Mehrzahl zu bilden, egal wie kompliziert im Deutschen die Mehrzahlbildung des entsprechenden Wortes sein mag.

Einzahl/Mehrzahl

friend	*frännd*	Freund
friends	*frännds*	Freunde
word	*wörd*	Wort
words	*wörds*	Wörter

Wichtige Ausnahmen:

child	*tscheild*	Kind
children	*tschildren*	Kinder
woman	*wummèn*	Frau
women	*wimmin*	Frauen
man	*män*	Mann
men	*minn*	Männer

Endet ein Wort im Englischen in der Einzahl auf einem gesprochenen „**s**“, so ändert sich in der Mehrzahl die Aussprache ein wenig. Das in der Einzahl stumme „**e**“ am Ende des geschriebenen Wortes wird in der Mehrzahl wie ein kurzes „**i**“ ausgesprochen.

house	*hauß*	Haus
houses	*haußis*	Häuser
purse	*pörß*	Geldbörse
purses	*pörßis*	Geldbörsen

Es gibt auch Wörter, die entweder nur in der Einzahl oder nur in der Mehrzahl vorkommen. Besonders wichtig ist eine Reihe von Wörtern, die im Englischen nur in der Mehrzahl, im Deutschen dagegen in der Einzahl gebraucht werden. Dies gilt besonders für Gegenstände, die aus zwei gleichen Teilen bestehen (die Hose hat zwei Hosenbeine).

glasses
glahßis
die Brille

trousers
trausèrs
die Hose

Fürwörter

Wie man jemanden duzt oder siezt, braucht man sich im Englischen nicht lange zu überlegen, denn es gibt nur die eine Anrede **you** (Du/Sie = Einzahl; Ihr/Sie = Mehrzahl). Die Anrede mit dem Nachnamen entspricht aber unserem „Sie".

Fürwörter

Persönliche Fürwörter (Personalpronomen)

I	*ei*	ich
you	*juh*	du/Sie
he/she/it	*hih/schih/itt*	er/sie/es

we	*wih*	wir
you	*juh*	ihr/Sie
they	*ðäi*	sie

„**You**“ bedeutet außerdem noch „man“.

Besitzanzeigende Fürwörter (Possesivpronomen)

my	*mei*	mein
your	*johr*	dein/Ihr
his/her/its	*his/hör/itts*	sein/ihr/sein

our	*au | èr*	unser
your	*johr*	euer/Ihr
their	*ðäèr*	ihr

Hinweisende Fürwörter (Demonstrativpronomen)

this	*ðiß*	diese, -r, -s
that	*ðätt*	jene, -r, -s
these	*ðihs*	diese (Mehrzahl)
those	*ðous*	jene (Mehrzahl)

Eigenschaftswörter

Eigenschaftswörter (Adjektive) haben im Englischen immer dieselbe Form, egal ob sie in der Einzahl oder in der Mehrzahl gebraucht werden:

a nice book	**nice books**
è neiß buck	*neiß bucks*
ein schönes Buch	schöne Bücher

Steigerung

Im Englischen gibt es zwei Möglichkeiten, Adjektive zu steigern. Erste Möglichkeit: Das Adjektiv erhält die Endung **-er** bzw. **-est:**

	1. Steigerung	2. Steigerung
cheap *tschihp* billig	**cheaper** *tschihpèr* billiger	**cheapest** *tschihpèßt* am billigsten

Zweite Möglichkeit: Vor das Adjektiv wird **more** (mehr) bzw. **most** (am meisten) gesetzt:

	1. Steigerung	2. Steigerung
expensive *ikßpännßif* *teuer* teuer	**more expensive** *moh ikßpännßif* *mehr teuer* teurer	**most expensive** *moußt ikßpännßif* *am meisten teuer* am teuersten

Nun kann man es sich leider nicht aussuchen, welche Art man lieber nimmt. Die einsilbig gesprochenen Eigenschaftswörter werden nach dem ersten Schema gesteigert, alle drei- und mehrsilbigen nach dem zweiten.

Die zweisilbigen Eigenschaftswörter können auf beide Arten gesteigert werden. Mit den genauen Regeln sollte man sich nicht belasten, da sowieso klar ist, was man ausdrücken will. Ausnahmen von der Regel:

good	*gudd*	gut
better	*bättèr*	besser
best	*bäßt*	am besten
bad	*bäd*	schlecht
worse	*wörß*	schlechter
worst	*wörßt*	am schlechtesten

Das Vergleichen von Personen oder Dingen miteinander ist ganz ähnlich wie im Deutschen:

little	**smaller**	**smallest**
littèl	*ßmohlèr*	*ßmohlèßt*
klein	kleiner	am kleinsten

(not) as big as...
(nott) äs bigg_äs...
(nicht) so groß wie...

bigger than...	**more comfortable than...**
biggèr đänn...	*moh kammftibbèl đänn...*
größer als...	*mehr bequem als...*
größer als...	bequemer als...

In ganzen Sätzen sieht das dann so aus:

The beach in Acapulco is (not) as nice as in Brighton.
ðè bihdsch in ahkahpullkoh is (nott) äs neiß äs in breitèn
Der Strand in Acapulco ist (nicht) so schön wie in Brighton.

This church is bigger than that one.
ðiß tschöhtsch is biggèr ðänn ðätt wann
Diese Kirche ist größer als jene.

This hotel is more comfortable than the youth hostel.
ðiß houtäll is moh kammftibbèl ðänn ðè juꬸ hoßtèll
Dieses Hotel ist komfortabler als die Jugendherberge.

St. Paul's Cathedral

Eigenschaftswörter

Wichtige Eigenschaftswörter		
nice – ugly	*neiß – agglih*	schön, nett – hässlich
expensive – cheap	*ikßpännßif – tschihp*	teuer – billig
good – bad	*gudd – bäd*	gut – schlecht
near – far	*nihr – fah*	nah – weit
long – short	*long – schoht*	lang – kurz
open – closed	*oupèn – klousd*	offen – geschlossen
rich – poor	*ritsch – puhr*	reich – arm
hot – cold	*hott – kould*	heiß – kalt
clean – dirty	*klihn – dö | ètih*	sauber – schmutzig
strong – weak	*ßtrong – wihk*	stark – schwach
high – low	*hei – lou*	hoch – niedrig
dry –wet	*drei – wätt*	trocken – nass
slow	*ßlou*	langsam
quick/fast	*kwick/fahßt*	schnell
new, young	*njuh, jang*	neu, jung
old	*ould*	alt
much, many	*matsch, männih*	viel, viele (zählbar)
little, few	*littèl, fjuh*	wenig, wenige (zählbar)
engaged	*in-gäidscht*	besetzt
free	*frih*	frei
simple	*ßimpèl*	einfach
difficult	*diffikèllt*	schwierig
true, right	*truh, reit*	wahr, richtig
wrong	*rong*	falsch
hard	*hahd*	hart
soft	*ßofft*	weich
stupid	*ßtjupidd*	dumm
clever	*kläwwèr*	schlau
dark	*dahk*	dunkel
bright	*breit*	hell, leuchtend
friendly	*fränndlih*	freundlich
unfriendly	*anfränndlih*	unfreundlich

Umstandswörter

Ein Eigenschaftswort beschreibt ein Hauptwort näher. Umstandswörter (Adverbien) hingegen beschreiben Tätigkeitswörter, Eigenschaftswörter oder einen ganzen Satz näher.

Eigentlich wäre es unnötig, sich mit den Umstandswörtern zu befassen, wenn nicht im Englischen die Umstandswörter, die von Eigenschaftswörtern abgeleitet werden, eine andere Form als das Eigenschaftswort annehmen würden. Darin unterscheidet sich das Englische vom Deutschen. Bei uns ist nicht unbedingt an der Form erkennbar, ob es sich um ein Umstandswort oder ein Eigenschaftswort handelt, so dass wir im Deutschen den Unterschied meist nicht bemerken. Im Englischen jedoch trägt das Umstandswort die Endung **-ly.**

He is a careful driver.
hih is è käèrfèll drelwèr
Er ist ein vorsichtiger Fahrer.

(Weil sich **careful** *auf das Hauptwort bezieht, ist es ein Eigenschaftswort.)*

Durch Anhängen von **-ly** entsteht das Umstandswort:

He drives carefully.
hih dreiws käèrfèllih
Er fährt vorsichtig.

(Weil sich **careful** *hier auf das Tätigkeitswort bezieht, ist es ein Umstandswort.)*

Auch auf Eigenschaftswörter kann ein Umstandswort sich beziehen:

He is extremely nervous.
hih is ikßtrihmlih nörvèß
Er ist extrem nervös.

extremely ist ein Umstandswort, weil es ein Eigenschaftswort **(nervous)** näher beschreibt.

Wenn man im Deutschen statt „normal" „normalerweise", statt „glücklich" „glücklicherweise" usw. sagt, weist das darauf hin, dass es sich um ein Umstandswort handelt. Dann muss an das englische Wort die Endung **-ly** angefügt werden.

Verben und Zeiten

Auch im Englischen bilden die Verben und deren Zeitformen ein Kapitel für sich. Im folgenden werden jedoch nur die vier wichtigsten Zeiten erläutert, die bei Gesprächen am häufigsten vorkommen:

1. **Gegenwart** (ich gehe),
2. **Vergangenheit** (er ging),
3. **vollendete Gegenwart** (du bist gegangen),
4. **Zukunft** (wir werden gehen)

Mit der Beherrschung dieser vier Zeitformen kann man alle Gesprächssituationen meistern. Auf das langwierige Erklären der Unterschiede im Gebrauch von Vergangenheit und vollendeter Gegenwart kann hier getrost verzichtet werden, zumal viele **native speakers** (Leute, die Englisch als Muttersprache sprechen) die Unterschiede auch nicht ganz genau im Kopf haben.

Verlaufsform

Bevor ich mich den einzelnen Zeiten zuwende, sei gesagt, dass es im Englischen jeweils zwei Möglichkeiten gibt, eine Zeitstufe auszudrükken, nämlich die „einfache Form", die wir im Deutschen auch haben (**I go** = ich gehe), und die „Verlaufsform", die wir im Deutschen zwar bilden können, die aber bei uns nicht benutzt wird (**I am going** = ich bin gehend).

Es ist ratsam, beide Möglichkeiten zu beherrschen, zumindest aber zu wissen, dass es sie gibt, weil in der gesprochenen Sprache die Verlaufsform oft gebraucht wird. Falls einem eine solche Form im Gespräch begegnet, sollte man zumindest wissen, was es damit auf sich hat. Sie heißt deshalb Verlaufsform, weil damit ausgedrückt werden soll, dass etwas während eines bestimmten Zeitraums gerade geschieht, also gerade verläuft.

Übersetzt wird die Verlaufsform meist genauso wie die entsprechende einfache Form. Um den Aspekt des Verlaufs der Handlung im Deutschen zu unterstreichen, können solche Konstruktionen gewählt werden wie „dabei sein, zu (gehen)“, „gerade (gehen)“ oder „beim (Gehen) sein“.

Übrigens: Deutsche machen meist den Fehler die englische Verlaufsform als Ersatz für den deutschen Infinitiv zu verwenden. Also aufgepasst!

Gegenwart

Bei der Beugung der Verben im Deutschen wird in allen Zeiten - je nach Person - eine andere Endung an das Verb angehängt (ich gehe, du gehst ... usw.). Das Englische ist da viel einfacher, denn diese komplizierten Endungen fallen hier weg, jedoch mit einer Ausnahme in der Gegenwart: in der 3. Person Einzahl **(he/she/it)** wird an das Verb ein **-s** angehängt.

einfache Form

I eat	*ei iht*	ich esse
you eat	*juh iht*	du isst
he eats	*hih ihtß*	er/sie/es isst
she eats	*schih ihtß*	er/sie/es isst
it eats	*itt ihtß*	er/sie/es isst
we eat	*wih iht*	wir essen
you eat	*juh iht*	ihr esst
they eat	*đäi iht*	sie essen

So simpel werden in der einfachen Form in der Gegenwart fast alle Verben gebeugt. Allerdings gibt es zwei wichtige Sonderfälle, nämlich die Verben „sein“ **(be)** und „haben“ **(have).**

I am	*ei äm*	ich bin
you are	*juh ah*	du bist
he/she/it is	*hih/schih/itt is*	er/sie/es ist
we are	*wih ah*	wir sind
you are	*juh ah*	ihr seid
they are	*ðäi ah*	sie sind

Die Beugung dieser Wörter muss man wohl oder übel lernen, weil man sie am häufigsten von allen Verben braucht.

I have	*ei häw*	ich habe
you have	*juh häw*	du hast
he/she/it has	*hih/schih/itt häs*	er/sie/es hat
we have	*wih häw*	wir haben
you have	*juh häw*	ihr habt
they have	*ðäi häw*	sie haben

Verlaufsform

Die Verlaufsform kann im Deutschen auch gebildet werden: ich bin gehend/ du bist reisend ... usw. (d. h. ich bin gerade dabei zu gehen, zu reisen ...). Diese Formulierung, die für unsere Ohren reichlich gespreizt klingt, muss man wörtlich ins Englische übertragen, und schon hat man eine perfekte englische Verlaufsform. Dazu wird an das zweite Verb die Endung **-ing** angefügt.

I am travelling *ei äm träwèlling*	ich reise (bin reisend)
you are travelling *juh ah träwèlling*	du reist (bist reisend)
he/she/it is travelling *hih/schih/itt is träwèlling*	er/sie/es reist (ist reisend)
we are travelling *wih ah träwèlling*	wir reisen (sind reisend)
you are travelling *juh ah träwèlling*	ihr reist (seid reisend)
they are travelling *ðäi ah träwèlling*	sie reisen (sind reisend)

Auf diese Art und Weise können die meisten englischen Verben die Verlaufsform bilden.

they are sleeping	sie schlafen gerade (sie sind schlafend)
I am smoking	ich rauche gerade (ich bin rauchend) usw.

Vergangenheit

Die Vergangenheit wird dann benutzt, wenn ein Vorgang wirklich vergangen und abgeschlossen ist. Besonders in Verbindung mit einer Zeitbestimmung der Vergangenheit muss die Vergangenheit (ich mietete), nicht die vollendete Gegenwart (ich habe gemietet) genommen werden.

Last year I rented an appartment.
lahßt ji-è ei ränntèd èn èpahtmènt
Letztes Jahr mietete ich ein Appartment.

Zeitbestimmungen der Vergangenheit können sein:

last week	*lahßt wihk*	letzte Woche
yesterday	*jäßtèrdäi*	gestern
the day before	*đè däi bihfohr*	vorgestern
a week ago	*è wihk ègou*	vor einer Woche

einfache Form

Regelmäßige Verben bilden die Vergangenheit, indem an das Wort einfach ein **-ed** angehängt wird.

Im Anhang befindet sich eine Tabelle mit den wichtigsten unregelmäßigen Verben. Es ist empfehlenswert, unregelmäßige Verben, die man häufig braucht, auswendig zu lernen.

Verben und Zeiten

Ein Trost für alle, die glauben, dass es jetzt sehr kompliziert wird: bei der Beugung der Verben in der Vergangenheit verändert sich die Endung nicht.

I rented *ei ränntid*	ich mietete
you rented *juh ränntid*	du mietetest
he/she/it rented *hih/schih/itt ränntid*	er/sie/es mietete
we rented *wih ränntid*	wir mieteten
you rented *juh ränntid*	ihr mietetet
they rented *ðäi ränntid*	sie mieteten

Gleich jetzt sollte man die Vergangenheit von **have** *(haben) und* **be** *(sein) lernen, da diese Formen häufig gebraucht werden:*

I had *ei häd*	ich hatte
you had *juh häd*	du hattest usw.

had bleibt in allen Personen gleich.

I was	*ei wohs*	ich war
you were	*juh wöèr*	du warst
he/she/ it was	*hih/schih/ itt wohs*	er/sie/ es war
we were	*wih wöèr*	wir waren
you were	*juh wöèr*	ihr wart
they were	*ðäi wöèr*	sie waren

Verlaufsform

Die Verlaufsform in der Vergangenheit soll ausdrücken, dass in einem vergangenen Zeitraum eine Handlung ablief. Dazu muss man statt „ich bin gehend“ sagen „ich war gehend“. An das Verb „sein“ in der Vergangenheit (s.o.) schließt sich das zweite Verb mit der Endung **-ing** an.

I was eating *ei wohs ihting*	ich aß (war essend)
you were eating *juh wöèr ihting*	du aßest (warst essend)
he/she/it **was eating**	er/sie/es aß (war essend)
we were eating	wir aßen (waren essend)
you were eating	ihr aßet (wart essend)
they were eating	sie aßen (waren essend)

Wenn man keine Lust hat, die Vergangenheitsform der unregelmäßigen Verben zu lernen, kann man sich gut behelfen, indem man statt der einfachen Form in der Vergangenheit die entsprechende Verlaufsform nimmt.

Vollendete Gegenwart

Die vollendete Gegenwart wird im Deutschen entweder mit einer Form von „haben“ oder „sein“ gebildet (z. B. ich habe gemietet, ich bin gegangen). Das Englische ist da wesentlich praktischer.

Verben und Zeiten

Die vollendete Gegenwart wird immer mit einer Form von „have" (haben) gebildet. Daran schließt sich die Vergangenheitsform des betreffenden Tätgigkeitsworts mit der Endung **-ed** an: **I have travelled** (ich bin gereist); **I have rented** (ich habe gemietet).

I have travelled *ei häw träwwèld*	ich bin gereist
you have travelled *juh häw träwwèld*	du bist gereist
he/she/it	er/sie/es
has travelled	ist gereist
we have travelled	wir sind gereist
you have travelled	ihr seid gereist
they have travelled	sie sind gereist

Auch in der vollendeten Gegenwart sind viele Verben unregelmäßig. Man kommt also ohne die Tabelle der unregelmäßigen Verben nicht aus. Die Verlaufsform der vollendeten Gegenwart kann hier weggelassen werden. Sie ist zu kompliziert zu bilden. Die einfache Form reicht zur Verständigung aus.

Der Gebrauch der vollendeten Gegenwart unterscheidet sich im Englischen vom Deutschen. Während wir bei vielen Vorgängen, die in der Vergangenheit begannen und in der Gegenwart noch andauern, die Gegenwart nehmen, benutzen Engländer die vollendete Gegenwart.

Für das deutsche Wort „seit" gibt es zwei Übersetzungen: **since** und **for**. **since** bezeichnet einen festen Zeitpunkt, **for** eine Zeitdauer.

I have lived in London for one year.
ei häw liwwd in landèn fohr wann ji-èr
ich habe gelebt in London für ein Jahr
Ich lebe seit einem Jahr in London.

Since Christmas she has waited for an answer.
ßinß krißmèß schih häs wäitid for ènn_ahnßèr
seit Weihnachten sie hat gewartet für eine Antwort
Sie wartet seit Weihnachten auf eine Antwort.

For three months she has waited for an answer.
for ðrih mannðs schih häs wäitid fohr ènn_ahnßèr
für drei Monate sie hat gewartet für eine Antwort
Seit drei Monaten wartet sie auf eine Antwort.

Zukunft

Es gibt mehrere Möglichkeiten, im Englischen die Zukunft auszudrücken. Ich werde mich hier auf die Zukunft mit **will** (werden) beschränken. Sie ist dem Deutschen sehr ähnlich und am gebräuchlichsten. Nach **will** bzw. **shall** in der 1. Person Einzahl und 1. Person Mehrzahl steht das Verb in ungebeugter Form.

I shall go *ei schäll gou*	ich werde gehen
you will go *juh will gou*	du wirst gehen
he/she/it will go	usw.
we shall go	
you will go	
they will go	

Verben und Zeiten

Die Deutschen nehmen häufig, wenn sie die Zukunft ausdrücken wollen, trotzdem die Gegenwart: „Morgen gehe ich ins Schwimmbad." Das ist im Englischen im allgemeinen nicht möglich. Sachverhalte, die sich auf die Zukunft beziehen, müssen auch mit der Zukunftsform des Verbs ausgedrückt werden.

Modalverben

Modalverben werden in Verbindung mit einem Vollverb gebraucht. Sie drücken aus, dass eine Handlung ausgeführt werden kann, darf, muss:

Person	Modalverb (Geg.)	Modalverb (Verg.)	Vollverb
I	**can**	**could**	**read**
ei	*kähn*	*kudd*	*rihd*
ich	kann	konnte	lesen
she	**may**	**might**	**go**
schih	*mäi*	*meit*	*gou*
sie	darf	durfte	gehen
they	**must**	-*	**ask**
ðäi	*maßt*	-	*ahßk*
sie	müssen	-	fragen

*__Must__ kann die Vergangenheit nicht bilden. Die Ersatzredewendung ist **have to** (haben zu) in der Vergangenheit:

I had to leave my camera behind.
ei häd_tuh lihw mei kämmèrah bihheind
ich hatte zu (ver)lassen meine Kamera zurück
Ich musste meine Kamera zurücklassen.

Die Gegenwartsform der Modalverben ist unveränderlich. Es wird also bei **he/she/it** kein **-s** angehängt. Sie selbst können auch nicht die Verlaufsform bilden. Die Verneinung erfolgt durch **n't** oder **not,** das an sie angehängt wird. Achtung bei der Verneinung von **must: he mustn't go** (= er darf nicht gehen), **he needn't go** (= er braucht nicht zu gehen).

Will man die Modalverben in einer anderen Zeit als in der Gegenwart oder Vergangenheit anwenden, so muss man sie mit einem anderen Ausdruck umschreiben, statt „können": „in der Lage sein"/„fähig sein".

Die Ausdrücke schaut man am besten im Wörterbuch nach, falls man sie braucht.

Das Modalverb „wollen" wird durch das Vollverb **want** übersetzt. Es kann, weil es ein Vollverb ist, alle Zeiten bilden und auch alleine stehen, also ohne ein nachfolgendes Verb. Folgt ein Verb, wird es mit **to** angeschlossen:

She wants another drink.
schih wonntß ènnaðèr drink
sie möchte weitere Getränk
Sie möchte/will einen weiteren Drink.

He didn't want to take her home.
hih diddnt wonnt_tuh täik höèr houm
er tat'nicht wollen zu nehmen sie Heim
Er wollte sie nicht nach Hause bringen.

Verhältniswörter

Die nachfolgende Liste enthält die wichtigsten Verhältniswörter (Präpositionen) mit ihren Hauptbedeutungen. Natürlich gibt es noch viel mehr Verhältniswörter. Man kann sie zunächst ruhig so gebrauchen wie im Deutschen, auch wenn man manchmal daneben liegt.

at

(zeitlich)	**at 8 o'clock** *ätt äit è klock*	um 8 Uhr
(zeitlich)	**at the moment** *ätt ðè moumènt*	im Augenblick
(zeitlich)	**at night** *ätt neit*	in der Nacht/nachts
(örtlich)	**at home** *ätt houm*	zu Hause
(örtlich)	**at the bus stop** *ätt ðè baß ßtopp*	an der Bushaltestelle

on

on friday *onn freidäi*	am Freitag	*(zeitlich)*
on the table *onn ðè täibèl*	auf dem Tisch	*(örtlich)*

in

in 1975 *in neintihn | hanndrid | ßäwèntih | feif*	im Jahre 1975	*(zeitlich)*
in the morning *in ðè mohrning*	am Morgen/morgens	*(zeitlich)*
in London *in landèn*	in London	*(örtlich)*
in English *in in-glisch*	auf Englisch	

of

a cup of tea *è kapp_off tih*	eine Tasse Tee
the songs of the Rolling Stones *ðè ßongs off ðè rouling ßtouns*	die Lieder von den Rolling Stones
a ring of gold *è ring_off gould*	ein Ring aus Gold

Wortstellung im Aussagesatz

Die Wortstellung des englischen Aussagesatzes ist starrer festgelegt als im Deutschen. Es gilt folgende Reihenfolge der Satzglieder:

Subjekt (Satzgegenstand, wer oder was?)
Prädikat (Satzaussage)
Objekt (wen oder was?)

oder auch :

Subjekt
Prädikat
Umstandsbestimmung

wer? (Subjekt)	Prädikat	was? (Objekt)
Jill	**books**	**a trip.**
dschill	*bucks*	*è_tripp*
Jill bucht eine Reise.		

Anders als im Deutschen folgen im Aussagesatz Subjekt und Prädikat immer aufeinander. Diese Wortstellung wird im Gegensatz zum Deutschen auch dann beibehalten, wenn der Satz durch andere Satzglieder erweitert wird:

Zeitbestimmung	Subjekt	Prädikat	Umstandsbestimmung
At nine o'clock	**John**	**goes**	**to the museum.**
ätt nein e_klock	dschonn	gous	tu ðè mjusih | èm
um neun Uhr	*John*	*geht*	*zu das Museum*
Um neun Uhr geht John zum Museum.			

Auch in einem Satzgefüge, d. h. wenn Haupt- und Nebensätze verbunden sind, gilt diese Wortstellung.

Subjekt	Prädikat	Objekt	Bindew.	Subjekt	Prädikat
I	**eat**	**a pizza,**	**because**	**I**	**am hungry.**
ei	iht	è_pihtsa	bihkohs	ei ämm	han-grih
ich	*esse*	*eine Pizza*	*weil*	*ich*	*bin hungrig*
Ich esse eine Pizza, weil ich hungrig bin.					

Verneinung

Anders als im Deutschen muss man im Englischen bei der Verneinung der meisten Sätze in allen Zeiten ein Hilfsverb benutzen. Weil das normale Verb (Vollverb) immer in der Grundform bleibt, also nicht ausdrückt, in welcher Zeit oder Person es angewendet wird, muss diese Aufgabe ein Hilfsverb übernehmen. Ist im Satz noch kein Hilfsverb enthalten, wird eine verneinte Form von **do** (tun) eingefügt, die im Deutschen aber nicht übersetzt wird.

Im gesprochenen Englisch wird das **not** *(nicht) allerdings direkt an das Hilfsverb angehängt und kurz gesprochen.* **Do not** *wird zu* **don't, Does not** *wird zu* **doesn't** *(dasnt).* **Did not** *wird zu* **didn't** *(diddènt).*

In der Gegenwart lautet die verneinte Form von **do: do not,** in der 3. Person Einzahl: **does not,** in der Vergangenheit: **did not.**

I don't	**see**	**the**	**problem.**
ei dount	ßih	đè	problèmm
ich tue'nicht	*sehen*	*das*	*Problem*

Ich sehe das Problem nicht.

Kommt in einem Satz, der verneint werden soll, ein anderes Hilfsverb vor, so wird dieses verneint. **Do** ist dann nicht nötig.

She	**can't**	**manage**	**her**	**luggage.**
schih	kahnt	männidsch	hör	laggidsch
sie	*kann'nicht*	*managen*	*ihr*	*Gepäck*

Sie kommt mit ihrem Gepäck nicht zurecht.

Fragewörter/Fragesätze

Die Fragewörter sind verwirrend, da sie ähnlich klingen wie im Deutschen, aber oftmals eine andere Bedeutung haben.

where?	*wäèr*	wo?
what?	*wott*	was?
who?	*huh*	wer?
whom?	*huhm*	wen?
when?	*wänn*	wann?
why?	*wei*	warum?
how?	*hau*	wie?
how many?	*hau <u>männ</u>ih*	wie viele? (Zahl)
how much?	*hau <u>matsch</u>*	wie viel? (Menge)
how long?	*hau long*	wie lange?

Wortstellung in Fragesätzen

Wenn das Fragewort Subjekt des Satzes ist, bleibt die normale Wortstellung (Subjekt - Prädikat - Objekt) im Fragesatz erhalten.

Subjekt	Prädikat	Obj. (wem?)	Obj. (was?)
Who	**told**	**you**	**that news?**
huh	*tould*	*juh*	*ðätt njuhs*
Wer erzählte dir jene Neuigkeit?			

Doch kommt dieser Fall in Fragesätzen nur sehr selten vor. Man muss sich wohl oder übel an eine andere Wortstellung gewöhnen. Die ist allerdings für deutsche Ohren gar nicht so neu. Sie entspricht nur nicht dem korrekten Hochdeutsch. Wie in der Verneinung werden Fragen mit einer Form von **do** (tun) gebildet, die zwischen Fragewort und Subjekt tritt:

Fragew.	Hilfsv.	Subj.	Prädikat	Objekt
Why	**do**	**you**	**take**	**the bus?**
wei	duh	juh	täik	ðè baß
warum	*tust*	*du*	*nehmen*	*der Bus*
Warum nimmst du den Bus?				

Fragewort	Hilfsverb	Subjekt	Prädikat
When	**does**	**the boat**	**leave?**
wänn	dahs	ðè bout	lihw
wann	*tut*	*das Schiff*	*verlassen*
Wann legt das Schiff ab?			

Ist ein anderes Hilfsverb vorhanden, so wechselt es seine Stellung im Satz und dient zur Fragebildung.

Frage	Hilfsv.	Subj.	Prädikat	Objekt
Where	**will**	**they**	**spend**	**their holidays?**
wäèr	will	ðäi	ßpännd	ðäèr hollihdäis
wo	*werden*	*sie*	*ausgeben*	*ihre Ferien*
Wo werden sie ihre Ferien verbringen?				

Natürlich können im Englischen auch Fragen ohne besonderes Fragewort gebildet werden. Die eben gezeigte Wortstellung wird beibehalten.

Hilfsverb	Subjekt	Prädikat
Does	**the boat**	**leave?**
tut	*das Schiff*	*verlassen*
Legt das Schiff ab?		
Yes, it does.	**No, it doesn't.**	
ja es tut	*nein es tut'nicht*	
Ja.	Nein.	

Bei Fragen in der Vergangenheit sieht das so aus:

Hilfsv.	Subjekt	Prädikat	Objekt
Did	**my brother**	**forget**	**his ticket?**
didd	*mei braðèr*	*fohgätt*	*his tickèt*
tat	*mein Bruder*	*vergessen*	*seine Fahrkarte*
Hat mein Bruder seine Fahrkarte vergessen?			
Yes, he did.		**No, he didn't.**	
jäß hih didd		*nou hih diddnt*	
ja er tat		*nein er tat'nicht*	
Ja.		Nein.	

Bindewörter

Bindewörter sind eigentlich erst dann wichtig, wenn man schon etwas Englisch kann und längere Sätze bilden möchte. Hier nur die Wichtigsten:

because	*bihkohs*	weil (nicht am Anfang des Satzes)
but	*batt*	aber/sondern
if	*iff*	wenn/falls
and	*ännd*	und
although	*ohlðou*	obwohl
therefore	*ðäèrfohr*	deshalb
that	*ðätt*	dass

Beispiele:

This is my son and that is my daughter.
ðiß is mei ßann ännd ðätt is mei dohtèr
Dies ist mein Sohn und das ist meine Tochter.

He is really a polite man, but he's so boring.
hih is rihlih è pèlleit män batt hihs ßou bohring
Er ist wirklich ein höflicher Mann,
aber er ist so langweilig.

Zahlen und Mengen

Die englischen Zahlen werden nach dem gleichen System gezählt wie bei uns. Ab zwanzig werden jedoch die Einerstellen nach den Zehnerstellen, also umgekehrt wie im Deutschen, gezählt.

0	**zero**	*sihrou*
1	**one**	*wann*
2	**two**	*tuh*
3	**three**	*ðrih*
4	**four**	*fohr*
5	**five**	*feiw*
6	**six**	*ßikß*
7	**seven**	*ßäwèn*
8	**eight**	*äit*
9	**nine**	*nein*
10	**ten**	*tänn*
11	**eleven**	*iläwwèn*
12	**twelve**	*twälw*
13	**thirteen**	*ðörtihn*
14	**fourteen**	*fohrtihn*
15	**fifteen**	*fifftihn*
16	**sixteen**	*ßikßtihn*
17	**seventeen**	*ßäwèntihn*
18	**eighteen**	*äitihn*
19	**nineteen**	*neintihn*
20	**twenty**	*twänntih*
21	**twenty one**	*twänntih wann*
22	**twenty two**	*twänntih tuh*
30	**thirty**	*ðörtih*

31	**thirty one**	*đörtih wann*
40	**forty**	*fohrtih*
50	**fifty**	*fifftih*
60	**sixty**	*ßikßtih*
70	**seventy**	*ßäwèntih*
80	**eighty**	*äitih*
90	**ninety**	*neintih*
100	**(one) hundred**	*hanndrid*
500	**five hundred**	*feiw hanndrid*
1000	**(one) thousand**	*đausènd*
10000	**ten thousand**	*tänn đausènd*
1000000	**one million**	*wann milljèn*

Ordungszahlen

Mit Ausnahme der Zahlen eins bis drei entsteht die Ordnungszahl durch Anfügen der Endng **-th** an die Grundzahl.

1st	**first**	*föhrßt*
2nd	**second**	*ßäckènd*
3rd	**third**	*đöhrd*
4th	**fourth**	*fohrđ*
5th	**fifth**	*fiffđ*
10th	**tenth**	*tännđ*
11th	**eleventh**	*ihläwènđ*
12th	**twelfth**	*twälfđ*
13th	**thirteenth**	*ßöhrtihnđ*
20th	**twentieth**	*twänntih | èđ*
21st	**twenty first**	*twänntih föhrßt*
22nd	**twenty second**	*twänntih ßäckènd*

once	*wannß*	einmal
twice	*tweiß*	zweimal
three times	*ðrih teims*	dreimal
four times	*fohr teims*	viermal
sometimes	*ßammteims*	manchmal

Mengenangaben

some	*ßamm*	einige/einiges
any	*ännih*	einige/einiges (bei Fragen und Verneinung)
every	*äwwrih*	jeder/jede/jedes
no	*nou*	keiner/keine/keines
many	*männih*	viele (zählbare: Personen/Sachen)
much	*matsch*	viel (unzählbare Masse)
a lot of	*è_lott_off*	viel/viele
a few	*è_fjuh*	ein paar/wenige
a little	*è_littèl*	ein wenig
a little bit	*è_littel_bitt*	ein bisschen
all	*ohl*	alle/alles
a kilo	*è kihlou*	ein Kilo
a pound of	*è paund_off*	ein Pfund (von)
a litre	*è lihtèr*	ein Liter
half of	*hahf_off*	die Hälfte (von)
a quarter of	*è kwohtèr_off*	ein Viertel (von)
a piece of	*è pihß_off*	ein Stück (von)
a pair of	*è pär_off*	ein Paar
some	*ßamm*	einige/ein paar

Zeitangaben

Uhrzeit

an hour	*ènn_auwèr*	eine Stunde
a minute	*è minnitt*	eine Minute
a second	*è ßäckènd*	eine Sekunde
half an hour	*hahf_ènn_auwèr*	eine halbe Stunde
a quarter of an hour	*è kwohtèr_off ènn_auwèr*	eine Viertel-stunde
on time	*on teim*	pünktlich

What's the time, please?
wotts ðè teim plihs
was'ist die Zeit bitte
Wie viel Uhr ist es, bitte?

Can you tell me the time?
känn juh tell mih ðe teim
können Sie erzählen mir die Zeit
Können Sie mir sagen, wie spät es ist?

It's late/early.
itts läit/öhrlih
Es ist spät/früh.

The train is late.
ðè träin is läit
Der Zug hat Verspätung.

The train arrives on time.
ðè träin èrreiws on teim
der Zug kommt-an in Zeit
Der Zug ist pünktlich.

Bei Angaben der Uhrzeit bezieht man die erste bis dreißigste Minute einer Stunde mit **past** („vergangen“, also „nach...“) auf die vorhergehende Stunde, die 31. bis 59. Minute mit **to** („zu“, also „vor ...“) auf die folgende volle Stunde.

twenty four minutes past two
twänntih fohr minnittß pahßt_tuh
24 Minuten nach zwei

a quarter past eleven
è_kwohtèr pahst ihläwèn
Viertel nach elf

a quarter to four
è_kwohtèr tuh fohr
Viertel vor vier

half past five
hahf pahßt feiw
halb nach fünf
halb sechs

twelve o'clock
twälw èklock
zwölf Uhr

twenty seven minutes to eight
twänntih ßäwèn minnittß tuh äit
zwanzig sieben Minuten zu acht
drei Minuten nach halb acht

Besonders bei der Abfahrts- und Ankunftszeit von Zügen usw. werden die Grundzahlen genannt. Das ist so ähnlich wie im Deutschen, jedoch ohne **o'clock** (Uhr): 5.31 = **five thirty one**. Die Engländer zählen die Uhrzeit immer nur bis zwölf und kennzeichnen die Zeit von Null Uhr bis zwölf Uhr mittags durch **a.m.** (*äi ämm*), die Zeit von zwölf Uhr mittags bis Mitternacht durch **p.m.** (*pih ämm*).

Allgemeine Angaben

day	*däi*	Tag
week	*wihk*	Woche
month	*mannð*	Monat
date	*däit*	Datum
yesterday	*jäßtèrdäi*	gestern
tomorrow	*tuhmohrrou*	morgen
today	*tuhdäi*	heute

© W. Schwieder

Tageszeiten

(in the) morning *(in ðè) mohrning*	(am) Morgen
this morning *ðiß mohrning*	heute Morgen
(at) lunch-time *ätt lanschteim*	(in der) Mittagszeit, am Mittag
(in the) afternoon *(in ðih) ahftèrnuhn*	(am) Nachmittag
evening *ihwèning*	Abend
tonight *tuneit*	heute Abend
(in the) night *(in ðè) neit*	(in der) Nacht

Wochentage

Sunday	*ßanndäi*	Sonntag
Monday	*manndäi*	Montag
Tuesday	*tjuhsdäi*	Dienstag
Wednesday	*wännsdäi*	Mittwoch
Thursday	*ðörsdäi*	Donnerstag
Friday	*freidäi*	Freitag
Saturday	*ßättèrdäi*	Sonnabend
on Monday(s)	*on manndäi(s)*	montags

Monate

January	*dschännju | ärih*
February	*fäbru | ärih*
March	*mahtsch*
April	*äiprill*
May	*mäi*
June	*dschuhn*
July	*dschulei*
August	*ohgèßt*
September	*ßäptämbèr*
October	*oktoubèr*
November	*nouvämbèr*
December	*dihßämbèr*

Jahreszeiten

season	*ßihsèn*	Jahreszeit
spring	*ßpring*	Frühling
summer	*ßammèr*	Sommer
autumn	*ohtèmm*	Herbst
winter	*winntèr*	Winter

In diesen Ländern ist Englisch Amtssprache

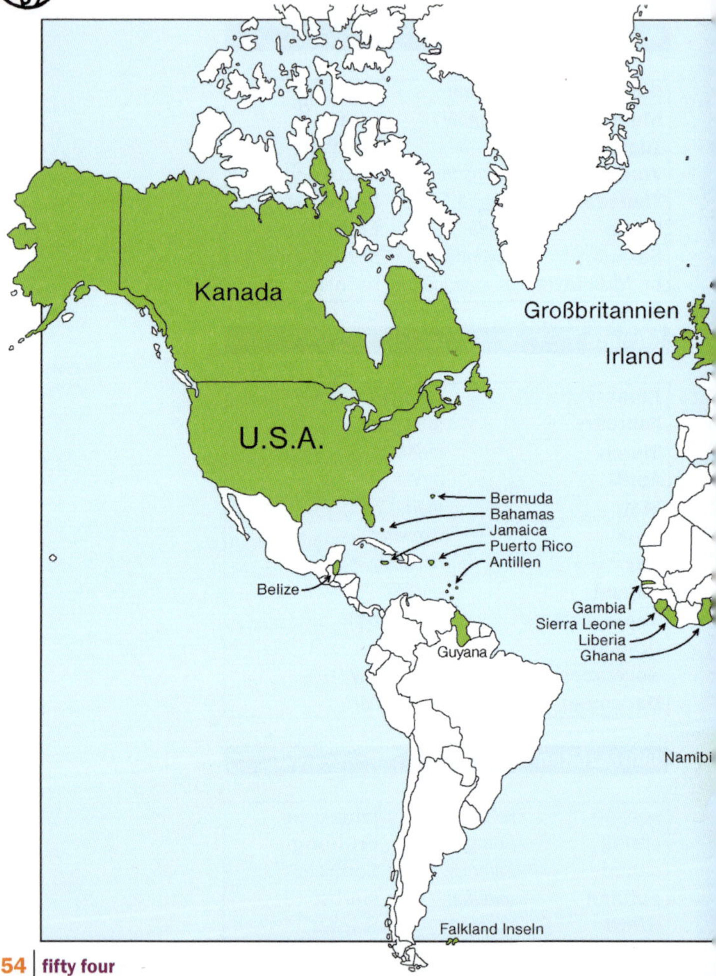

Bangladesch
Pakistan
Indien
Malaysia
Philippinen
Sri Lanka
Papua-
Neuguinea
Uganda
Kenia
Tansania
Sambia
Malawi
Zimbabwe
Botswana
Singapur
Australien
ria
Südafrika
Neuseeland

© H. G. Semsek

the London tube – die älteste U-Bahn der Welt

Begrüßen

Hello (*hällou*) ist die häufigste Begrüßung. Sie wird nicht nur von Leuten, die sich gut kennen, benutzt, sondern sie entspricht schon fast unserem „Guten Tag“. Ansonsten gibt es noch:

Good morning! *gudd mohrning*	Guten Morgen!
Good afternoon! *gudd ahftèrnuhn*	Guten Tag! (ziemlich formal)
Good evening! *gudd ihwèning*	Guten Abend!

Da für die Engländer das Thema Wetter schier unerschöpflich ist, flechten sie es manchmal sogar in ihre Begrüßung ein:

„Good morning, Mrs. Miller, lovely day, isn't it?“
gudd mohrning mißiß millèr lahwlih däi isnt itt
Guten Morgen, Frau Miller, schöner Tag, nicht wahr?

Wenn einem solch eine Begrüßung nicht gerade sympathisch ist, kann man natürlich auf die Wetterfloskeln verzichten. Übrigens: Es ist in England absolut unüblich, sich zur Begrüßung die Hand zu geben.

How are you?
hau ah juh
wie bist/sind du/Sie
Wie geht es Ihnen/Dir/Euch?

Thank you, I'm fine!
ðänk_juh eim fein
danke dir/Ihnen ich'bin fein
Danke, mir geht es gut!

Vorstellen

Für Männer und Frauen gibt es folgende Anreden:

Mr.	*mißtèr*	Herr
Mrs.	*mißiß*	Frau
Miss	*miß*	Fräulein

Briten und besonders US-Amerikaner reden sich viel schneller mit dem Vornamen an als Deutsche, die für solch schwieriges Unterfangen erst einmal kräftig über den eigenen Schatten springen oder sogar Brüderschaft trinken müssen (so etwas soll es ja noch geben!).

Da auch im englischen Sprachbereich viele Frauen die unterschiedliche Anrede für verheiratete und unverheiratete Frauen als diskriminierend empfinden, hat sich in den letzten Jahren eine neutrale Anrede durchgesetzt:

Ms.	*mis*	Frau

What's your name?
wottß johr näim
was'ist dein/Ihr Name
Wie heißen Sie?

My name is Fritz.
mei näim is frits
mein Name ist Fritz
Ich heiße Fritz.

This is my ... Das ist mein ...

husband	*hasbènd*	Ehemann
wife	*weif*	Ehefrau
daughter	*dohtèr*	Tochter
son	*ßann*	Sohn
brother	*braðèr*	Bruder
sister	*ßißtèr*	Schwester
boyfriend	*boifrännd*	Freund
girlfriend	*görlfrännd*	Freundin
friend	*frännd*	Freund

Will man sich bei der Vorstellung ganz höflich geben, so kann man folgenden formvollendeten Satz aussprechen:

May I introduce you to my wife?
mäi ei intrèdjuhs juh tuh mei weif
darf ich vorstellen Sie/dich zu meiner Frau
Darf ich Sie meiner Frau vorstellen?

Ist man jemandem vorgestellt worden, so kann man ...

How do you do?
hau duh juh duh
wie tun Sie/du tun
Sehr erfreut.

... sagen, worauf die andere Person mit derselben Floskel antwortet.

boyfriend *und* **girlfriend** *werden nur benutzt, wenn man mit ihm/ihr eine Beziehung hat, sonst sagt man* **friends,** *egal, ob es sich um einen Mann oder eine Frau handelt. Für diejenigen, die sich zu albern vorkommen, von ihrem dreißigjährigen „Freund" als* **boyfriend** *zu reden, gibt es seit einiger Zeit den Begriff* **manfriend,** *und die weibliche Form entsprechend* **ladyfriend.**

Verabschieden

Bei der Verabschiedung gibt es natürlich auch lockere und eher formale Redewendungen.

Good-bye!
gudd bei
Auf Wiedersehen!

Good night!
gudd neit
Gute Nacht!

Bye-bye! (oder **bye**)
bei bei
Tschüss!

See you (later)!
ßih juh (läitèr)
Tschüss!

Cheerio/Cheers!
tschihrio/tschihrs
Tschüss!

Höflichkeitsfloskeln

Unser Allerweltswort „bitte" wird in verschiedenen Bedeutungen gebraucht. Nur, wenn es sich um einen Wunsch handelt, wird es mit **please** übersetzt.

Bitte/Danke

Pass me the butter, please!
pahß mih ðè battèr plihs
reichen mir die Butter bitte
Reichen Sie mir die Butter, bitte!

Bringt man jemandem etwas, worum man gebeten wurde, sagt man:

Here you are!
hi-èr juh ah
hier Sie/du sind
Bitte (sehr)!

Als Antwort auf einen Dank sagt man:

You are welcome!
juj ah wällkamm
sie sind willkommen
Bitte! Keine Ursache!

Als Antwort auf eine Entschuldigung:

That's all right!
ðätts ohl reit
jenes'ist alles richtig
Bitte!

Hat man jemanden nicht verstanden:

Pardon?
pahdèn
Wie bitte?

Thank you!	Danke!
Thanks!	Danke!
Thank you very much!	Vielen herzlichen Dank!
Thank you, too!	Danke, gleichfalls!

Australisches Englisch

Was ist Aussie-Slang ...

... und wie unterscheidet es sich vom Englisch, das die Briten oder Amerikaner sprechen?

Zunächst ist festzustellen, dass die Umgangssprache eines Landes natürlich immer von den Menschen lebt, die sie benutzen. Den Slang prägen also die Aussis selbst, und die sind von ihrem Naturell her eher deftig, ein wenig rauh (wie das Land), meist herzlich, aber auch manchmal oberflächlich und fahrig.

Gesprochen wird nach dem Motto „nur soviel wie nötig, dafür aber so schnell wie möglich“. Böse Zungen behaupten, Australier müssen in solch rasantem Tempo sprechen, um sich vor lästigen Fliegen zu schützen, die, sitzen sie erst einmal zwischen den Zähnen, dem Geschmack des geliebten Bieres doch sehr abträglich sind. Daher mag auch die Eigenart rühren, beim Sprechen den Mund kaum zu öffnen, dabei ganze Silben zu verschlucken und diesen Schwall von Undeutlichkeiten zudem noch mit (im Englischen gänzlich unbekannten) Kunstwörtern anzureichern.

Buchtipp:
Kauderwelsch Band 48
Australian Slang
ISBN 978-3-89416-371-6

Spracheigenheiten

Die historischen Eigetümlichkeiten der australischen Umgangssprache **Oz-Talk** wurden erheblich durch die Umwelt geprägt, in der die Sprachschöpfer aufwuchsen. Nicht von ungefähr schwingt dem Slang immer ein leicht animalisch anmutender Klang bei:

- Aus dem klaren **i** *(ei)* wird ein blökendes *oi*: *„oi loik"* = **I like**
- Das einfache **a** wird mindestens verdoppelt: *„baahßtèrd"* = **bastard**
- und **ay** wird stets **ie** ausgesprochen: *„jäßtèrdie"* = **yesterday**

Das eigentliche Geheimnis liegt aber in der Schnelligkeit des gesprochenen Wortes. Ganze Sätze werden in ein mehr oder weniger schwer verständliches Wortkorsett gepresst. So wird aus **Are you going to have a shower?** im korrekten Australisch: *„jègonnè ävèschouwèr"*

- Das Verb **to do** wird grundsätzlich als für den Sprachgebrauch unwichtig angesehen:

jèrwonnèbikkih	Do you want a bisquit?
jèrgoddè ðè pahrdih	Did you go to the party?
woßjèr problèm	What is your problem?

- Steht ein **d, g** oder **t** am Ende eines Wortes und gleichzeitig hinter einem Mitlaut, so ist dies für den Australier Grund genug, diese Buchstaben einfach zu verschlucken, wie z. B. in **shoutin, rainin, las roun (last round).**
- Eine weitere Eigenart des Aussie-Slang ist das konsequente Ignorieren des Buchstaben **h:** *äw* statt *häw* für **have,** *ih* statt *hih* für **he** oder *au* statt *hau* für **how.**

Kauderwelsch Band 150
Englisch für Australien
ISBN 978-3-89416-557-4

Bekanntschaft

Einige Sätze zum Bekanntschaften machen:

Where do you come from?
wäèr duh juh kamm fromm
wo tun Sie/du kommen her
Woher kommen Sie?

How old are you?
hau ould ah juh
Wie alt sind Sie?

Are you married?
ah juh märrihd
Sind Sie verheiratet?

Have you got children?
häw juh gatt tschildrèn
haben Sie/du bekommen Kinder
Haben Sie Kinder?

How long have you been here?
hau long häw juh bin hi-èr
wie lange haben Sie/du gewesen hier
Wie lange sind Sie schon hier?

I'm spending my holidays here.
eim ßpännding mei hollihdäis hi-èr
ich'bin verbringend meine Ferien hier
Ich verbringe meine Ferien hier.

What do you do for a living?
wott duh juh duh fohr è liwwing
was tun Sie/du tun für ein lebend
Was machen Sie beruflich?

I'm a ...
eim è ...
Ich bin ...

shop-assistent *schopp èßißtènt*	Verkäufer/in
car mechanic *kah mèkännick*	Autoschlosser/in
hair-dresser *hähr drässèr*	Friseur/in
clerk *klahk*	Büroangestellte/r
nurse *nörß*	Krankenschwester
joiner *dschoinèr*	Tischler/in
window-dresser *winndou drässèr*	Dekorateur/in
housewife *hausweif*	Hausfrau

I like playing tennis.
ei leik pläing tänniß
ich mögen spielen Tennis
Ich spiele gerne Tennis.

Do you like it here?
duh juh leik itt hi-èr
tun Sie/du mögen es hier
Finden Sie es gut hier?

Yes, it's wonderful.
jeß ittß wanndèrfull
Ja, es ist sehr schön.

No, it's boring.
nou ittß bohring
Nein, es ist langweilig.

The beach is overcrowded.
ðe bihtsch is ouwèrkraudid
Der Strand ist überfüllt.

This place is a tourist haunt.
ðis pleiß is è tuhrist hohnt
Dieser Ort ist ein Touristennest.

Lass mich in Ruhe!

Nervt einen das Gespräch oder will man einfach nur allein sein, so gibt es je nach Aufdringlichkeitsstufe unterschiedliche Redewendungen:

I'm sorry, I have to leave.
eim ßorrih ei häw tuh lihw
ich'bin betrübt ich habe zu verlassen
Tut mir Leid, ich muss gehen.

Leave me alone.
lihw mih èloun
verlassen mich allein
Lassen Sie/Lass mich allein!

Beat it!	**Get lost!**	**Piss off!**
biht itt	*gätt loßt*	*piß_off*
schlag es	*bekomme verloren*	*pissen ab*
Hau ab!	Verschwinde!	Verpiss dich!

Gefühle

Wenn man schon ein wenig routinierter im Englisch sprechen ist, also nicht nur nach etwas fragt, sondern mit jemandem wirklich redet, braucht man Ausdrücke, um Gefühle mitzuteilen, z. B. Zustimmung oder Ablehnung.

I absolutely agree/disagree.
ei äbbßèluhtlih ègrih/dißègrih
ich absolut zustimme/nicht-zustimme
Ich bin ganz/nicht Ihrer Meinung.

In my opinion this is o.k.
in mei èppinnjen ðiß is oukäi
in mein Meinung dies ist in-Ordnung
Meiner Meinung nach ist das in Ordnung.

I'm feeling great/bad at the moment.
eim fihling gräit/bäd ät ðè moumènt
ich'bin fühlend toll/schlecht an der Moment
Ich fühle mich momentan gut/schlecht

I'm feeling great/bad at the moment.
eim fihling gräit/bäd ät ðè moumènt
ich'bin fühlend toll/schlecht an der Moment
Ich fühle mich momentan gut/schlecht.

I don't feel like having a walk.
ei dount fihl leik häwwing è wohk
ich tu'nicht fühlen wie habend einen Spaziergang
Mir ist jetzt nicht nach einem Spaziergang.

© Renate Georgi-Wask

This is ... *ðiß is ...* Das ist ...

boring	*bohring*	langweilig
interesting	*inträßting*	interessant
weird	*wihrd*	blöd/komisch
strange	*ßträindsch*	seltsam
far-out	*fahraut*	super

Are you sure?
ah juh schuhr
Sind Sie sicher?

I can't believe it.
ei kahnt bihlihw itt
ich kann'nicht glauben es
Ich kann es nicht glauben.

Shut up!
schattapp
schließ ab
Halt die Klappe!

This makes me sick!
ðiß mäikß mih ßick
das macht mich krank
Das nervt mich!

Erotik

Dies ist wohl einer der wenigen Bereiche, in dem man sprachlich nicht so versiert sein muss, um auszudrücken, was man will. Ganz ohne Sprache oder Sprechversuche geht die Kommunikation natürlich auch hier nicht ab. Wie wär's mit:

Have you got a light?
häw juh gott è leit
hast du/Sie bekommen ein Feuer
Hast du mal Feuer?

Das ist zwar nicht sehr originell, aber es gibt schlechtere Möglichkeiten, mit jemandem in Kontakt zu kommen. Will man klären, ob ein Konkurrent/in auf der Bildfläche erscheint, kann man fragen:

Are you here on your own?
ah juh hi-èr on johr oun
bist du hier auf dein selbst
Bist du allein hier?

Kriegt man dann die Antwort:

No, I'm not,
nou eim nott
nein ich'bin nicht
Nein, bin ich nicht.

Oder man kann folgende Antwort bekommen:

I'm here with my girlfriend/boyfriend.
eim hi-èr wiđ mei görlfrännd/boifrännd

Dann sollte man seine Blicke lieber anderweitig schweifen lassen. Ansonsten kann man es mit einer Einladung versuchen.

Shall we have a drink?
schäll wih häw è drink
sollen wir haben ein Getränk
Wollen wir etwas trinken?

What about going to the Disco?
wott èbaut go | ing tuh đè dißkou
wie über gehend zu die Disko
Wie wär's, wenn wir in die Disko gehen würden?

Daneben gegangen ist dieser Versuch, wenn man die Antwort erhält:

Are you kidding?
ah juh kidding
bist du scherzend
Spinnst du?

Oder die Ausdrücke aus dem Kapitel „Lass mich in Ruhe“ zu hören bekommt. Vielleicht sagt sie/er ja auch:

Great!
gräit
groß
Toll!

Far-out!
faraut
weit hinaus
Super/sehr gut!

Dann hat man ins Schwarze getroffen. Wenn einem nichts Aufregenderes einfällt, kann man sich dann ja über den Urlaubsort oder sich selbst unterhalten. Darin müsste man ja inzwischen ganz gut sein. – Später:

I want to take you home.
ei wonnt tuh täik juh houm
ich möchte zu bringen dich heim
Ich möchte dich nach Hause bringen.

Shall we go to my place?
schäll wih gou tuh mei pläiß
sollen wir gehen zu meinem Platz
Sollen wir zu mir gehen?

Wenn man bis jetzt erfolgreich war, ist alles andere auch nicht mehr so schwierig, zumal es jetzt nicht mehr so sehr auf die Sprachkenntnisse ankommt.

love *law*	lieben, Liebe
in love *in law*	verliebt
kiss *kiß*	Kuss, küssen
pet/caress *pätt/kòräß*	streicheln
tell ... to push off *täll ... tuh pusch_off*	mit ... Schluss machen
make love *mäik law*	miteinander schlafen

knock a girl up *nock è görl app*	einem Mädchen ein Kind machen
intercourse *intèrkohrs*	Geschlechtsakt
fuck* *fack*	bumsen
contraceptive *kontrèßäpptiw*	Verhütungsmittel
pill *pill*	Pille
condom *kondèmm*	Pariser/Kondom
diaphragma *dei | èfrägmah*	Diaphragma
menstruation *männßtru | äischèn*	Menstruation
tampon *tämmpon*	Tampon
pregnancy *prägnènßih*	Schwangerschaft
pregnant *prägnènt*	schwanger
venereal disease *wännihrèl disihs*	Geschlechtskrankheit
penis *pihniß*	Penis
vagina *wèdscheinè*	Vagina

* **fucking** *kann auch „verdammt", „beschissen" heißen und liegt auf der gleichen Sprachebene wie im Deutschen.*

This is fucking good/bad.
ðiß is facking gudd/bäd
Das ist verdammt gut/schlecht.

Wo ist ...?

Excuse me, please. Where is ...
ikßkjus mih plihs wäèr is
entschuldigen mich bitte wo ist
Entschuldigen Sie bitte, wo ist ...

Could you tell me the way to ...
kudd juh täll mih ðè wäi tuh
können Sie/du sagen mir der Weg zu
Können Sie mir den Weg zu ... zeigen?

the railway station	*ðè räilwäi ßtäischèn*	Bahnhof
the taxi rank	*ðè täkßih ränk*	Taxistand
the travel agency	*ðè träwwèll äidschènßih*	Reisebüro
the hotel	*ðih houtäll*	Hotel
the airport	*ðih ährpohrt*	Flughafen
the old part of ...	*ðè ould paht_off ...*	alten Teil von ...

It's over there on the right.
ittß ouwèr ðäèr onn ðè reit
es'ist über dort auf das rechts
Es ist da drüben auf der rechten Seite.

Wenn man an einer **tourist haunt** *(Touristenheimsuchung – überfüllter Touristenort) ist, braucht man keine Infos einzuholen. Immer den Hinweisschildern und den Menschenmassen nach!*

Turn left into Queen's Street.
törn läffl intuh kwihns ßtriht
abbiegen links in-zu Königin's Straße
Biegen Sie links ab in die Queen's Street.

Go straight on, it's opposite the church.
gou ßträit on ittß oppèßitt ðè tschörtsch
gehen gerade auf es'ist gegenüber der Kirche
Gehen Sie geradeaus, es ist gegenüber der Kirche.

Unterwegs ...

... mit dem Flugzeug

I'd like to book a (return) flight to New York.
eid leik tuh buck è (rihtörn) fleit tuh nuh jork
ich'würde mögen zu buchen ein (Rück-) flug nach New York
Ich möchte gerne einen (Rück-)Flug nach N.Y. buchen.

Is there a stopover in Boston?
is ðäèr è ßtoppouwer in bostèn
ist da eine Zwischenlandung in Boston
Landet das Flugzeug in Boston zwischen?

Is there a connecting flight to Chicago?
is ðäèr è kènnäckting fleit tuh schihkahgou
ist da ein Anschlussflug nach Chicago
Gibt es einen Anschlussflug nach Chicago?

*Hat man sich einen Flugplan (***timetable** *- teimtäibèl) beschafft, so muss man folgende Begriffe und Abkürzungen kennen, um den Plan lesen zu können:*

I have to cancel my flight to ...
ei häw tuh känßèl mei fleit tuh
ich habe zu stornieren mein Flug nach
Ich muss meinen Flug nach ... stornieren.

frequency	Häufigkeit
daily (ex Sa)	täglich (außer Samstag)
dep = departure	Abflug
arr = arrival	Ankunft
via Amsterdam	über Amsterdam
non stop	ohne Zwischenstopp

Wenn man nicht gerade ziemlich routiniert im Fliegen ist, kann so ein großer Flughafen schon sehr verwirrend und unübersichtlich wirken mit seinen Lautsprecheransagen, Schaltern, Abflughallen und riesigen Flugtafeln. Solch eine Flugtafel über die **departures** (Abflüge) ist einfach zu entschlüsseln:

flight No.	Flugnummer
destination	Zielort
scheduled time	planmäßige Abflugszeit
cancelled	(der Flug ist) abgesetzt/gestrichen
delayed	verspätet
estimated time	voraussichtliche Abflugszeit
gate	Flugsteig

Auch die folgenden Aufschriften und Tableaus sollte man kennen:

departure *dihpahtschèr*	Abflug
departure lounge/hall *dihpahtschèr lohndsch/hohl*	Abflughalle
arrival *èrreiwèl*	Ankunft
announcement *ènnaunßmènt*	Ansage
exit *äkßitt*	Ausgang

Unterwegs ...

crew *kruh*	Besatzung
booking *bucking*	Buchung
fly *flei*	fliegen
flight *fleit*	Flug
passenger *päßèndschèr*	Passagier
airport *ährpohrt*	Flughafen
timetable *teimtäibèl*	Flugplan
luggage/baggage *laggidsch/bäggidsch*	Gepäck
information desk *informäischèn desk*	Info-Schalter
land *länd*	landen
landing *länding*	Landung
air-sickness *ährßickniß*	Luftkrankheit
emergency exit *ihmördschènsih exit*	Notausgang
return flight *rihtörn fleit*	Rückflug
counter *kauntèr*	Schalter
take-off *täik_off*	Start/starten
destination *däßtinnäischèn*	Zielflughafen

... mit dem Schiff

When does the boat leave for Dover?
wänn dahs ðè bout lihw fohr douwèr
wann tut das Boot verlassen für Dover
Wann geht das Schiff nach Dover?

How long does the crossing take?
hau long dahs ðè kroßing täik
wie lange tut das Überqueren nehmen
Wie lange dauert die Überfahrt?

How often does the car ferry run?
hau ohfèn dahs ðè kah_färrih rann
wie oft tut die Auto Fähre rennen
Wie oft geht die Autofähre?

I'd like to book ...
eid leik tuh buck
ich'würd mögen zu buchen
Ich möchte gern .... buchen.

a passage to ...
è päßidsch tuh
eine Überfahrt nach
einen Schiffsplatz nach ...

a single cabin
è ßin-gèl käbbin
eine Einzelkabine

a double cabin
è dabbèl käbbin
eine Doppelkabine

anchor	änkèr	Anker
call at	kohl ätt	anlaufen
lounge	laundsch	Aufenthaltsraum
disembark	dißämmbahrk	das Schiff verlassen
leave	lihw	ablegen
boat	bout	Boot/Schiff
steamer	ßtihmèr	Dampfer

Unterwegs ...

ferry	*färrih*	Fähre
lifeboat	*leifbout*	Rettungsboot
on deck	*on däck*	an Deck
harbour	*hahrbèr*	Hafen
yacht	*joht*	Jacht
coast	*koußt*	Küste
lighthouse	*leithauß*	Leuchtturm
voyage	*woijidsch*	Schiffsreise
life-jacket	*laif dschäckitt*	Schwimmweste
crossing	*kroßing*	Überfahrt

... mit der Bahn/dem Bus

Where is the bus stop/station?
wär is ðè baß_ßtopp/ßtäischèn
Wo ist die Bushaltestelle/der Bahnhof?

A ticket to Bristol, please.
è tickitt tuh brißtèll plihs
Eine Fahrkarte nach Bristol, bitte.

How much is a ticket to ...
hau matsch is è tickitt tuh
wie viel ist eine Fahrkarte nach
Was kostet eine Fahrkarte nach ...

When is there a bus/train to ...
wänn is ðäèr è baß/trein tuh
wann ist da ein Bus/Zug nach
Wann geht ein Bus/Zug nach ...

Could you tell me when we get there?
kudd juh täll mih wänn wih gätt ðäèr
könnten Sie/du erzählen mir wann wir ankommen da
Könnten Sie mir sagen, wann wir dort ankommen?

Where do I have to change?
wäèr duh ei häw tuh tschäindsch
wo tu ich haben zu wechseln
Wo muss ich umsteigen?

What platform does the train to ... leave from?
wott plättfohrm dahs ðè träin tuh ... lihw fromm
was Bahnsteig tut der Zug nach ... verlassen von
Von welchem Bahnsteig fährt der Zug nach ... ab?

Anders als bei uns ist in anderen Ländern in Bus und Bahn der Bär los. Da kriegt man oftmals ganze Lebensgeschichten erzählt. Dass man sie nicht ganz versteht, macht fast nichts.

terminal *törminèll*	Endstation
driver *dreiwèr*	Fahrer
direction *deiräckschèn*	Richtung
departure *dihpahtschèr*	Abreise
arrival *èrreiwèll*	Ankunft
fast train *fahßt träin*	Eilzug

Fotos von Ehemännern, Kindern, Enkeln, usw. werden herumgezeigt. Mehr oder weniger aromatische Speisen werden ausgepackt, die man tapfer probieren muss. Da macht es sich ganz gut, wenn man sich zuvor das Kapitel „Kontakte" angeschaut hat.

couchettes *kuhschätt*	Liegewagen
sleeper *ßlihpèr*	Schlafwagen
express train *ikßpräß träin*	Schnellzug
single *ßin-gèl*	einfache Fahrt
return *rihtöhrn*	Rückfahrt
half *hahf*	Kinderfahrkarte
seat reservation *ßiht rihsörwäischèn*	Platzreservierung
subway *ßabbwäi*	Unterführung
exit *äkßitt*	Ausgang
(non-)smoker *(nonn)ßmoukèr*	(Nicht-)Raucher
compartment *kompahtmènt*	Abteil
fare *fä-è*	Fahrpreis
railway guide *räilwäi geid*	Kursbuch

... mit dem Auto

In vielen Ländern gibt es keine oder wenige Selbstbedienungstankstellen, deshalb erst einmal die Sätze fürs Tanken.

In Großbritannien misst man statt mit Litern mit Gallonen.

Eine Gallone entspricht ca. 4,5 l.

Where's the nearest petrol-station?
wäèrs ðè nihrèßt pättrèll-ßtäischèn
Wo ist die nächste Tankstelle?

Full, please!
full plihs
Voll bitte!

Normal grade petrol for ten Dollars, please!
nohrmèl gräid pättrèll fohr tänn dollèrs plihs
normale Sorte Benzin für zehn Dollar bitte
Normalbenzin für zehn Dollar bitte!

Can you check the oil /battery/tyre pressure?
känn juh tschäck ðih oil/bättèrih/tei | èr präschèr
können Sie/du prüfen das Öl/Batterie/Reifen Druck
Können Sie das Öl/die Batterie/den Reifendruck überprüfen?

Panne

I've had a breakdown!
eiw häd è bräikdaun
ich'habe gehabt eine Panne
Ich habe eine Panne!

Can you take my car in tow?
känn juh täik mei kah in tou
können Sie nehmen mein Auto in Schleppen
Können Sie mich abschleppen?

I've had an accident.
eiw häd ènn äckßihdènt
ich'habe gehabt einen Unfall
Ich hatte einen Unfall.

Please call the police!
plihs kohl đè pèllihß
bitte rufen die Polizei
Bitte rufen Sie die Polizei!

There's something wrong with the indicator.
đäèrs ßammđing rong wiđ đih indikäitèr
da'ist etwas falsch mit dem Blinker
Der Blinker ist defekt.

The battery is out of order.
đè bättèrih is aut_off ohrdèr
die Batterie ist aus von Ordnung
Die Batterie funktioniert nicht.

Could you repair the brake-lights?
kudd juh rihpär đè bräik leitß
könnten Sie reparieren die Bremsleuchten
Könnten Sie die Bremsleuchten reparieren?

traffic-lights	*träffick-leitß*	Ampel
motorway	*moutèrwäi*	Autobahn
starter	*ßtartèr*	Anlasser
battery	*bättèrih*	Batterie
brakes	*bräikß*	Bremsen
pressure	*präschèr*	Druck
gear	*gi-èr*	Gang
clutch	*klatsch*	Kupplung
steering wheel	*ßtihring wihl*	Lenkrad
engine	*ändschin*	Motor
headlight	*häddleit*	Scheinwerfer

accident	*äckßidènt*	Unfall
jack	*dschäck*	Wagenheber
tools	*tuhls*	Werkzeug
windscreen	*windßkrihn*	Windschutzscheibe
car park	*kah pahrk*	Parkplatz
parking meter	*pahrking mihtèr*	Parkuhr
driving licence	*dreiwing leißènß*	Führerschein
road sign	*roud ßein*	Verkehrsschild
diesel fuel	*dihsèl fjuhl*	Dieselkraftstoff
super petrol	*ßjupèr pättrèll*	Superkraftstoff
regular petrol	*rägjulèr pättrèll*	Normalbenzin

... per Anhalter

Trampen **(hitch-hiking)** ist neben dem Bus- oder Bahnfahren immer noch die beste Reisemöglichkeit, um die Bewohner eines Landes kennenzulernen, ohne sich sehr anzustrengen. Dabei kann man an dufte Typen, aber auch an schräge Vögel **(weirdo,** *wihrdou***)** geraten.

Can you give me a ride/lift to ...?
känn juh giw mih è reid/lifft tuh
können Sie geben mir einen Ritt/Lift nach
Können Sie mich nach ... mitnehmen?

Please drop me over there.
plihs dropp mih ouwer ðäèr
bitte fallenlassen mich über dort
Bitte setzen Sie mich dort hinten ab.

Englisch auf Neuseeland

Von uns aus gesehen liegt Neuseeland, auf der entgegengesetzten Seite des Erdballs. Nur zum Mond ist es weiter als zu unseren Antipoden. Ein Blick in den Atlas zeigt auch, wie isoliert dieser Inselstaat ist. Klar, dass die Kiwis* in der Sprache Eigenheiten entwickelt haben. Ihr Englisch klingt weitaus britischer als das der Aussies (Australier), aber in der Umgangssprache gibt es viel Gemeinsamkeiten mit den westlichen, 2000 km entfernten Nachbarn.

** Kiwis, das ist nicht nur das Wappentier und die gleichnamige Frucht, sondern auch der Spitzname der Neuseeländer, den diese bevorzugt für sich selber gebrauchen.*

Die Aussprache ist aber doch deutlich anders. Die Vokale sind oft auf charakteristische Weise verdreht, klingen flacher und gedehnter als im britischen oder Aussie-Englisch. Wenn man Kiwis sprechen hört (in Deutschland trifft man sie gehäuft während des Oktoberfestes in München), wird man verstehen, was gemeint ist.

Buchtipp:
Kauderwelsch Band 45
Neuseeland Slang
ISBN 978-3-89416-506-2

Kiwi-Englisch ist, von den eingestreuten Maori-Brocken abgesehen, zuallererst eine Variante des British-Englisch; allerdings ist der affektierte **upper class English accent**, das **Queen's English**, im modernen Neuseeland out, auch wenn **E II.** (= Elizabeth) immer noch die Queen von Neuseeland (ebenso wie von Australien, Kanada, usw.) ist. Wer heute so geschwollen redet, **is talking with a plum in his mouth** oder ist einer der vielen **poms/pommies in disguise (pom - prisoner of Mother England)**. Das sind Kiwis, die sich dadurch verraten, dass sie weniger Bier vertragen als die echten und England ihre Heimat nennen, egal ob sie eine halbe Stunde oder ein halbes Leben in Neuseeland sind. Fast jeder (junge) Kiwi möchte aber doch einmal in Großbritannien gewesen sein, im Land der Vorfahren von über 80% der Bevölkerung.

Die Schreibweise von Wörtern wie **centre, litre, theatre, behaviour, labour, neighbour, programme, traveller, license, practise,** etc. folgt der englischen Tradition. In den USA werden diese Wörter so geschrieben: **center, liter, theater, behavior, labor, neighbor, program, traveler, licence, practice,** etc.

Eine große Zahl von Ausdrücken und Redewendungen, die einem Ami als seltsam oder abartig erscheinen mögen, sind nicht kiwi-spezifisch sondern British English. Tatsächlich hat sich das US-Englisch viel weiter von den Ursprüngen entfernt als das der Kiwis: **U.K. and U.S.A. are separated by the same language.**

Persönliche Fürwörter

Einige persönliche Fürwörter werden bisweilen anders als im Standard-Englisch verwendet.

us *(aß)* statt **me** *(mih)*:
gisègou!
[Give us a go. (statt:) **Give me a go.]**
Lass mich mal probieren.

me *(mih)* statt **my** *(mai)*:
mih haus mih mißiß
[my house, my missus]
mein Haus, meine Frau

she *(schih)* statt **it** *(itt)*:
schihs è hott däi tuhdäi
[It's a hot day today.]
Es ist ein heißer Tag heute.

schihl bih reit mäit
[It'll be allright, man.]
Keine Sorge, es wird schon klappen.

the *(ðè)* statt **my** *(mai)*:
ðè weifs gohn schopping fohr thè däi
[My wife has gone shopping for the day.]
Meine Frau ist heute beim Einkaufen.

Abkürzungen

Was auffällt, ist die Tendenz der Kiwis (aber auch der Aussies) zum Verkürzen oder Zusammenziehen von Wörtern:

ta	*„tah"*	**thank you**
veges	*„vädschihs"*	**vegetables**
ya	*„jè"*	**you**

Noch typisch sind die auf **-y** oder **-ie** endenden Abkürzungen:

ciggies	*„ßiggihs"*	**cigarettes**
bikkie	*„bickih"*	**motorcycle**
kindy	*„kindih"*	**kindergarten**
postie	*„poußtih"*	**postman**
pozzie	*„posih"*	**position**

Unterkunft

Hotel/Pension

Hello, I'd like a single room/double room for two nights.
hällou eid leik è ßin-gèl ruhm/dabbèl ruhm fohr tuh neits
hallo ich'würde mögen ein einzel Zimmer/doppel Zimmer für zwei Nächte
Hallo, ich hätte gerne ein Einzelzimmer/Doppelzimmer für 2 Nächte.

How much is it?
hau matsch is itt
wie viel ist es
Was kostet es?

Is breakfast included?
is bräckfèßt inkluhdid
Ist Frühstück inbegriffen?

reception	*rihßäppschèn*	Rezeption, Anmeldung
lift/elevator	*lifft/ällèwäitèr*	Aufzug
bathroom	*bahðruhm*	Bad
bed	*bäd*	Bett
bedcover	*bädkawèr*	Zudecke, Bettdecke
sheet	*schiht*	Laken
shower	*schauèr*	Dusche
towel	*tau | èl*	Handtuch
heating	*hihting*	Heizung
stove	*ßtouw*	Kocher
pillow	*pillou*	Kissen
lamp	*lämp*	Lampe
mattress	*mättrèß*	Matratze
sleeping-bag	*ßlihping_bäg*	Schlafsack
kcy	*kih*	Schlüssel
mirror	*mirrèr*	Spiegel
socket	*ßockèt*	Steckdose
floor	*flohr*	Etage

Unterkunft

© P-PHOTOS, Fotolia.com

Urlaub im **cottage**

electricity *ihläktrißitih*	Strom
youth hostel *juhð hoßtèl*	Jugendherberge
accommodation *èkommèdäischèn*	Unterkunft
bed and breakfast *bäd_n_bräckfèßt*	Übernachtung mit Frühstück (in einer Pension)

In den meisten Hotels und Pensionen im Ausland muss man ein Anmeldeformular ausfüllen. In Großbritannien sieht es folgendermaßen aus:

Block capitals	Großbuchstaben
surname	Familienname
first name/ christian name	Vorname
home address	Heimatanschrift
date of arrival	Tag der Ankunft
number of nights stay	Anzahl der Übernachtungen
car registration No.	amtliches Kfz-Kennzeichen
Nationality	Nationalität
Passport No.	Passnummer
Issued at	ausgestellt in
signature	Unterschrift

Campingplatz

Have you got a place for a small tent?
häw juh gott_è pläiß fohr è ßmohl tännt
haben Sie bekommen ein Platz für ein klein Zelt
Haben Sie einen Platz für ein kleines Zelt?

Have you got a place for a caravan?
häw juh gott_è pläiß fohr è kärrèwähn
haben Sie bekommen ein Platz für ein Wohnwagen
Haben Sie einen Platz für einen Wohnwagen?

Where are the washing-rooms/sockets?
wäèr ah ðè wosching-ruhms/ßocketts
Wo sind die Waschräume/Steckdosen?

campsite	*kämpßeit*	Campingplatz
camper	*kämpèr*	Campingbus
toilet,	*toilètt*	Toilette,
lavatory	*läwwètrih*	Waschraum
drinking water	*drinking wohtèr*	Trinkwasser
basin	*bäisin*	Waschbecken
water-tap	*wohtèr täp*	Wasserhahn
caravan	*kärrèwänn*	Wohnwagen
trailer	*träilèr*	Anhänger
tent	*tännt*	Zelt

Restaurant

Je weiter man sich in die Gebiete wagt, in denen sich der deutsche Massentourismus (noch) nicht durchgesetzt hat, desto unwahrscheinlicher wird es, dass Kellner Deutsch radebrechen oder Speisekarten in Deutsch vorliegen. Mit Englisch kommt man wesentlich weiter, wenn man die jeweilige Landessprache nicht beherrscht. Zunächst einige Sätze, damit man überhaupt etwas bestellen kann.

Can we have the menu, please?
känn wih häw đè männjuh plihs
können wir haben die Speisekarte bitte
Können wir bitte die Speisekarte haben?

Der Kellner wird, wenn er die Speisekarte bringt, vielleicht sagen:

Here you are.
hier Sie sind
Bitte.

Übrigens:
Im Englischen wird nicht „Guten Appetit" gewünscht.

We would like to order.
wih wudd leik tuh ohrdèr
wir würden mögen zu bestellen
Wir möchten gerne bestellen.

I'll have tomato soup and roast chicken, please.
eil häw tèmahtou ßuhp änd roußt tschickèn
ich'werde haben Tomate Suppe und braten Huhn bitte
Ich hätte gerne eine Tomatensuppe und ein Brathuhn, bitte.

Can we have the bill, please.
känn wih häw đè bill plihs
können wir haben die Rechnung bitte
Die Rechnung, bitte.

The meal was excellent/wasn't very good.
đè mihl wohs äkßèllènt/wosnt wärrih gudd
Das Essen war hervorragend/nicht sehr gut.

Restaurant

supper	*ßappèr*	(kleines) Abendessen
aperitif	*apèrètihf*	Aperitif
ashtray	*äschträi*	Aschenbecher
cutlery	*kattlèrih*	Besteck
bread	*brädd*	Brot
diet	*dei-èt*	Diät
ice-cream	*eiß krihm*	Eis
vinegar	*winnègèr*	Essig
fish	*fisch*	Fisch
meat	*miht*	Fleisch
breakfast	*bräckfèßt*	Frühstück
fork	*fohrk*	Gabel
course	*kohrß*	Gang
baked	*bäikd*	gebacken
fried	*freid*	gebraten
cover	*kawwèr*	Gedeck
poultry	*pohltrih*	Geflügel
vegetable	*wädschtèbbèl*	Gemüse
drink	*drink*	Getränk
spice	*ßpeiß*	Gewürz
glass	*glaß*	Glas
dinner	*dinnèr*	Hauptmahlzeit
chicken	*tschickèn*	Huhn
coffee	*koffih*	Kaffee
cheese	*tschihß*	Käse
cook	*kuck*	Koch
herbs	*hörbs*	Kräuter
cake	*käik*	Kuchen
lunch	*lantsch*	Mittagessen
dessert	*dihsört*	Nachtisch
fruit	*fruht*	Obst

oil	*oil*	Öl
pepper	*päppèr*	Pfeffer
veal	*wihl*	Kalbfleisch
juice	*dschuhß*	Saft
salt	*ßohlt*	Salz
pork	*pohk*	Schweinefleisch
plate	*pläit*	Teller
vegetarian	*wädschètärihèn*	Vegetarier/ vegetarisch
starter	*ßtartèr*	Vorspeise
game	*gäim*	Wild

Polizei

Wird man im Urlaub bestohlen, sollte man nicht allzu viel Hoffnung darauf haben, dass man seine Sachen zurückbekommt.

Kommen persönliche Dokumente (Pass/Führerschein etc.) abhanden, nimmt man besser gleich Kontakt mit dem deutschen Konsulat bzw. der Botschaft auf.

I was attacked.
ei wohs èttäckd
Ich wurde überfallen.

Please call the police/a lawyer!
plihs kohl ðè pèllihs/è lohjèr
Bitte rufen Sie die Polizei/einen Rechtsanwalt!

Please inform the German embassy!
plihs infohrm ðè dschörmèn ämbèßih
Bitte informieren Sie die Deutsche Botschaft!

My camera was stolen.
mei kämmèrah wohs ßtoulèn
Mein Fotoapparat wurde gestohlen.

I lost my ...
ei loßt mei ...
Ich habe mein(e/n) ... verloren.

wallet	*wollitt*	Brieftasche
purse	*pörs*	Portemonnaie
suitcase	*ßjuht_käis*	Koffer
luggage	*laggidsch*	Gepäck
driving-licence	*dreiving leißens*	Führerschein
identity	*aidänntèti*	Personal-
card	*kahd*	ausweis
passport	*pahßpohrt*	Pass

I have nothing to do with it.
ei häw naðing tuh duh wið itt
ich habe nichts zu tun mit es
Ich habe nichts damit zu tun.

I'm innocent.
eim innèßènt
Ich bin unschuldig.

I feel pestered by this man.
ei fihl päßtèrd bei ðiß män
ich fühle belästigt durch dies Mann
Ich fühle mich von diesem Mann belästigt.

report	*rihpoht*	jdn. anzeigen
wallet	*wollitt*	Brieftasche
thief	*ðihf*	Dieb
camera	*kämmèrah*	Fotoapparat
prison	*prisèn*	Gefängnis
money	*mannih*	Geld
hand-bag	*händ_bäg*	Handtasche

Polizei

Berittene Polizei, London

suitcase	*ßjuhtkäis*	Koffer
murder	*mördèr*	Mord
murderer	*mördèrèr*	Mörder
policeman	*pollihßmän*	Polizist
drugs	*draggs*	Drogen
accident	*äckßihdènt*	Unfall
raid (on)	*räid (on)*	Überfall (auf)
(eye)witness	*(ei)wittnèß*	(Augen-)Zeuge
police station	*pollihßßtäischèn*	Polizeiwache
rape	*räip*	Vergewaltigung
key	*kih*	Schlüssel
Lost Property Office	*loßt propèrtih offiß*	Fundbüro

Zoll

Beim Zoll kommt es hauptsächlich darauf an zu verstehen, was die Zöllner von einem wollen:

Your passport, please.
johr pahßpohrt plihs
Ihren Pass, bitte.

Have you got anything to declare?
häw juh gott ènniðing tuh dihklähr
haben Sie bekommen irgendetwas zu verzollen
Haben Sie irgendetwas zu verzollen?

Open your suitcase!
oupen johr ßjuhtkäis
Öffnen Sie Ihren Koffer!

You have to pay duty!
juh häw tuh päi djuhtih
Sie müssen Zoll zahlen!

entry (into) *änntrih (intuh)*	Einreise (nach)
leaving the country *lihwing ðè kanntrih*	Ausreise aus
identity card *eidänntètih kahd*	Personalausweis
customs *kaßtèms*	Zoll (Behörde)
duty *djuhtih*	Zoll (Geld)
duty-free allowances *djuhtih frih èllauènßis*	zollfreie Menge
goods *gudds*	Waren
declare *dihklähr*	verzollen (deklarieren)
passport *pahßpohrt*	Pass

Amerikanisches Englisch

Buchtipp:
Kauderwelsch Band 29
American Slang
ISBN 978-3-89416-043-2

Kauderwelsch Band 67
More American Slang
ISBN 978-3-89416-257-3

Nun einige grundsätzliche Unterschiede zwischen dem amerikanischen (AE) und dem britischen Englisch (BE).

Im Amerikanischen haben sich einige, recht alte Wörter und Formen erhalten, die im Laufe der Zeit im britischen Englisch verschwunden sind. Es sind sozusagen Relikte aus der Zeit der Kolonialisierung, die dem Stand der derzeitigen Sprachentwicklung entsprechen. So sagen Amerikaner zum Beispiel ***fall,*** die Briten hingegen **autumn,** wenn sie „Herbst" meinen. In Amerika heißt „leihen" ***to loan,*** in England **to lend.**

Auf der anderen Seite hat sich in vielen Wörtern die Schreibweise in Amerika vereinfacht, sozusagen modernisiert. Auch Grammatikregeln werden nicht so strikt eingehalten, wie im Mutterland.

AE	BE	
color	**colour**	Farbe
center	**centre**	Zentrum
traveler	**traveller**	Reisender

Dann gibt es den Bereich der „neuen Begriffe", die in Amerika aufgrund der unterschiedlichen Lebensweise und Entwicklung gebildet wurden. Natürlich stammen Begriffe wie **robot, computer, supermarket, hamburger, micro-**

chip und **microwave** aus dem „Land der unbegrenzten Möglichkeiten", aber auch in anderen Bereichen kam es zu eigenen Wortschöpfungen:

AE	BE	
truck	**lorry**	LKW
elevator	**lift**	Fahrstuhl
cab	**taxi**	Taxi
freeway	**motorway**	Autobahn
subway	**underground**	U-Bahn
vacation	**holidays**	Ferien

Und zu guter Letzt haben natürlich die verschiedenen Sprachen der Einwanderer und Ureinwohner ihre Spuren auch im Amerikanischen hinterlassen:

AE	Ursprung
squash	Indianisch (Algonkin)
boss	Niederländisch
dime	Französisch
prairie	
kindergarten	Deutsch
schnaps	
ranch	Spanisch
rodeo	

Auch heute noch haben viele Amerikaner ihren Original-Akzent nicht ganz abgelegt, und so fällt der Reisende mit deutschem Akzent nicht besonders auf.

Kauderwelsch Band 143
Amerikanisch
ISBN
978-3-89416-512-3

Obwohl natürlich die Aussprache der Amerikaner insgesamt breiter und langgezogener ist als etwa in England, hat man keine großen Verständigungsprobleme, zumindest nicht im Nordwesten. New Yorker sind recht gut zu verstehen. Im Süden kann es schon etwas schwieriger werden. Südstaatler benutzen beispielsweise anstelle von **you** *(= ihr) lieber* **y'all** *als Kurzform von* **you all.**

Bank und Geld

Where can I change money?
wär känn ei tschäindsch mannih
wo kann ich tauschen Geld
Wo kann ich Geld tauschen?

I'd like to change one hundred Euros.
eid leik tuh tschäindsch wann hanndrid jurous
ich'würde mögen zu wechseln ein hundert Euro
Ich möchte gerne 100 Euro wechseln.

What's the rate of exchange ...
wotts ðè räit_off ikßtschäindsch
was ist die Rate von Austausch
Wie ist der Wechselkurs ...

... Euros / Swiss Francs?
juros swiß fränkß
Euro Schweizer Franken
... Euro / Schweizer Franken?

I want to cash this cheque.
ei wonnt tuh käsch ðiß schäck
ich möchte zu einlösen diesen Scheck
Ich möchte diesen Scheck einlösen.

bank	*bänk*	Bank
black market	*bläck mahkitt*	Schwarzmarkt
cash	*käsch*	Bargeld
to cash	*tuh käsch*	einlösen
amount	*èmmaunt*	Betrag

banknote	*bänknout*	Geldschein
cash point	*käsch point*	Kasse
change	*tschäindsch*	wechseln; Kleingeld
coin	*koin*	Münze
counter	*kauntèr*	Schalter
cheque	*schäck*	Scheck
sign	*ßein*	unterschreiben
signature	*ßignitschèr*	Unterschrift
form	*fohm*	Formular
rate of exchange	*räit_of ikßtschäindsch*	Wechselkurs
currency	*karrènßih*	Währung
cheque card	*schäck_kahd*	Scheckkarte

Post

In vielen Länden muss man zum Briefmarkenkaufen nicht unbedingt auf die Post gehen, sondern es ist viel praktischer, sie in irgendwelchen Tabak- oder Souvenirläden zu kaufen.

Postage on five postcards/letters to Germany.
poußtidsch on feiw poußtkahds/lättèrs tuh dschörmènih
Porto auf fünf Postkarten/Briefe nach Deutschland.

Stamps for five air-mail letters to Austria.
ßtämpß fohr feiw ährmäil lättèrs tuh ohßtriah
Briefmarken für fünf Luftpostbriefe nach Österreich.

I want to send a telegram/a letter to Switzerland.
ei wonnt tuh ßänd è tällègrämm/è lätter tuh ßwitzèrländ
ich möchte zu senden ein Telegramm/ein Brief zu Schweiz
Ich möchte ein Telegramm/einen Brief in die Schweiz schicken.

Post

Is it possible to draw money from my post office savings book?
is itt poßibèl tuh droh mannih fromm mei poußtoffiß ßäiwings buck
ist es möglich zu ziehen Geld von mein Post Amt Gespartes Buch
Ist es möglich, von meinem Postsparbuch Geld abzuheben?

© Louisa Knobloch, Fotolia.com

Die Farbe der englischen Post **(Royal Mail)** ist Rot

send	*ßänd*	absenden
sender	*ßändèr*	Absender
address	*èddräß*	Adresse
letter	*lättèr*	Brief
letter-box	*lättèrbokß*	Briefkasten
stamp	*ßtämp*	Briefmarke
postman	*poußtmän*	Briefträger
envelope	*ännwèllopp*	Briefumschlag
express letter	*ikßpräß*	Eilbrief
registered (letter)	*rädschißtèrd*	Einschreiben
addressee	*èddräßih*	Empfänger
air-mail letter	*ährmäil*	Luftpostbrief
parcel	*pahßèl*	Paket, Päckchen
postage (on)	*poußtidsch (on)*	Porto (für)
post office	*poußt_offiß*	Postamt
postcard	*poußtkahd*	Postkarte
post office savings book	*poußt offiß ßäiwings buck*	Postsparbuch
counter	*kauntèr*	Schalter
telegram	*tällègrämm*	Telegramm

Telefonieren

Das Telefonieren im Ausland kann ganz schön nervenaufreibend verlaufen, und man kommt schweißgebadet aus der Telefonzelle. Das ist vor allem dann der Fall, wenn die Auslandsverbindungen per Hand vermittelt werden. Aus dem europäischen Ausland (außer den osteuropäischen Staaten) nach Deutschland zu telefonieren, stellt allerdings meist kein Problem dar. Das geht auch in den Telefonzellen ohne größere Nervenkrisen ganz gut.

In den letzten Jahren hat sich immer mehr verbreitet, bargeldlos, also mit speziellen Scheckkarten, zu telefonieren. Diese Karten muss man sich natürlich vorher bei der Post besorgen. Ist einem das zu kompliziert, geht man besser gleich zur Post in der Hoffnung, dass es dort sofort klappt.

In einigen Ländern sind die Telefone in den Zellen anders zu bedienen als bei uns. In Großbritanien z. B. nimmt man zuerst den Hörer **(receiver)** ab, wartet auf den Summton **(continuous purring)** und wählt dann die Nummer. Erst wenn dann das Zahlzeichen (kurze hohe Töne, die schnell aufeinanderfolgen = **rapid pips**) ertönt, wirft man die Münze ein (5- oder 10-Pence-Münze)

Where is the nearest call-box?
wäèr is ðè nihrèßt kohlbokß
Wo ist die nächste Telefonzelle?

What number do I dial for ...?
wott nambèr duh ei dei | èl fohr
was Nummer tu ich wählen für
Welche Vorwahl hat ...?

Would you give me ...
wudd juh giww mih
würden Sie geben mir
Verbinden Sie mich bitte mit ...

What time does the cheap rate begin?
wott teim dahs ðè tschihp räit bihginn
was Zeit tut der billige Tarif beginnen
Wann beginnt der Billigtarif?

The line is engaged.
ðè lein is ingäidschd
Die Leitung ist besetzt.

hold the line! *hould ðè lein*	Bleiben Sie am Apparat!
ring up *ring app*	jemanden anrufen
call *kohl*	Anruf
lift the receiver *rèßihwèr*	den Hörer abnehmen
dial straight through *dei | èl ßträit_ðruh*	durchwählen

telephone directory *tällèfoun deiräcktèrih*	Telefonbuch
telephone number *tällefoun nambèr*	Telefonnummer
call-box *kohlbokß*	Telefonzelle
dial *dei | èl*	wählen

Krank sein

Sollte der Griff in die Reiseapotheke zu keinem Erfolg führen, so kann es sehr hilfreich sein, wenn man beim Arzt oder in der Apotheke einige Redewendungen parat hat. Viele der medizinischen Fachausdrücke sind im Deutschen und Englischen sowieso gleich oder ähnlich.

I'm ill.
eim ill
ich'bin krank
Ich bin krank.

I have to see a doctor.
ei häw tuh ßih è doktèr
ich habe zu sehen einen Arzt
Ich brauche einen Arzt.

I have a headache/stomachache.
ei häw è häddäik/ßtammèckäik
ich habe einen Kopf-Schmerz/Bauch-Schmerz
Ich habe Kopf-/ Bauchschmerzen.

I'm allergic to penicillin.
eim èllördschick tuh pännißillin
Ich bin allergisch gegen Penicillin.

I have a sore throat.
ei häw è ßohr ðrout
ich habe eine wunde Kehle
Ich habe Halsschmerzen.

My skin is itching.
mei ßkinn is ittsching
meine Haut ist juckend
Meine Haut juckt.

Körperteile

arm	*ahm*	Arm
eye	*ei*	Auge
leg	*lägg*	Bein
appendix	*èppänndikß*	Blinddarm
breast	*bräßt*	Brust
finger	*fin-gèr*	Finger
foot	*futt*	Fuß
face	*fäiß*	Gesicht
neck	*näck*	Hals/Nacken
heart	*haht*	Herz
bottom	*bottèm*	Hintern
bone	*boun*	Knochen
head	*hädd*	Kopf
mouth	*mauð*	Mund
nose	*nous*	Nase
back	*bäck*	Rücken
shoulder	*schouldèr*	Schulter

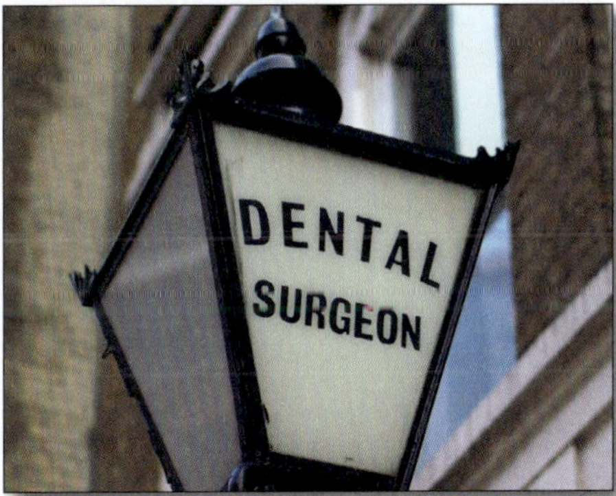

Krank sein

Allgemeine Ausdrücke

chemist's shop *kämmißtß schopp*	Apotheke
doctor *doktèr*	Arzt
be allergic to *bih èllördschik tuh*	allergisch gegen
catching/infectious *kätsching/infäktschiß*	ansteckend
breathe *brihð*	atmen
treatment *trihtmènt*	Behandlung
blood *bladd*	Blut
fracture *fräcktschèr*	Bruch
diarrhoea *dei | èrihè*	Durchfall
vomit *wommitt*	sich übergeben
cold *kould*	Erkältung
have a temperature *tämmpritschèr*	Fieber haben
filling *filling*	(Zahn-)Füllung
broken *broukèn*	gebrochen
vaccination card *wäckßinäischèn kahd*	Impfpass
infection *infäckschèn*	Infektion

ill *ill*	krank
hospital *hoßpitèll*	Krankenhaus
illness/disease *illnèß/disihs*	Krankheit
medicine *mäddßin*	Medizin
prescription *prihßkripschèn*	Rezept
x-raying *äkßräi | ing*	röntgen
pain *päin*	Schmerz
pregnant *präggnènt*	schwanger
have an injection *indschäckschèn*	eine Spritze bekommen
ointment *ointment*	Salbe
tablet *täbblett*	Tablette
pill *pill*	Pille
nausea *nohsiha*	Übelkeit
examination *ikßämmihnäischèn*	Untersuchung
burnt *börnt*	verbrannt
hurt *hört*	verletzt
dentist *dänntißt*	Zahnarzt

Englisch auf dem indischen Subkontinent

Neben Hindi ist Englisch die offizielle Landessprache in Indien, und ebenso ist es weitverbreitestes Kommunikationsmittel in Pakistan, Nepal, Bangladesh und Sri Lanka. Aufgrund der lokalen Einflüsse von Urdu, Hindi, Nepali, Bengali, Tamil, Singhalesisch und vielen anderen Sprachen haben sich grammatikalische und aussprachemäßige Eigenarten entwickelt, die ganz typisch Indisch-Englisch klingen, aber auch so manchen Anglisten verwirren. Hinzu kommt, dass ein Teil des Vokabulars aus der Mottenkiste des Kolonial-Englisch stammt, das auch manchem Briten heute schwer verständlich sein dürfte. Das indische Englisch weist somit Besonderheiten in Aussprache, Grammatik und dem Vokabular auf.

Buchtipp:
Kauderwelsch Band 154
Englisch für Indien
ISBN 978-3-89416-573-4

Aussprache

d, t: Da die indischen Sprachen als einzige auf der Welt retroflexe Mitlaute aufweisen, das heißt Mitlaute, zu deren Aussprache die Zunge an den Gaumen gedrückt und etwas zurückgerollt wird, sprechen die Bewohner des Subkontinents alle **t**'s und **d**'s auf diese Weise aus. Wie das klingt, lässt sich schwerlich beschreiben, man lasse sich aber von Indern einmal die Worte **dad, market, tomato, potato** vorsprechen. Wer diese Laute beherrrscht, kann praktisch den indischen Akzent parodieren.

a, o: Die indischen Sprachen verfügen über lange und kurze Selbstlaute, was dazu führt, dassInder (Pakistaner, Nepalesen etc.) bei englischen Vokabeln oft nicht wissen, wie sie die Selbstlaute auszusprechen haben. Das macht sich besonders bei den **a**'s und **o**'s bemerkbar. Diese werden somit häufig lang gesprochen, möglicherweise sogar noch mit Nasalierung. Beispiele: **hall** wie *haal*, **ball** wie *baal*, **frog** wie *fraag*, **clock** wie *klaak*.

th

th: Die indischen Sprachen verfügen über eigene **th**-Laute, so dass das englische **th** so behandelt wird, als wäre es ein indisches. Dabei wird es wie ein **t** ausgesprochen, dem ein **h** hinterhergehaucht wird, also wie **t-h**. Beispiel: *baat-h* statt **bath**, *paat-h* statt **path** etc.

Zusatz-i

Zahlreiche Wörter, die im Englischen mit einem **s** beginnen, bekommen der leichteren Aussprache zuliebe ein **i** vorangestellt. Beispiele: *i-ßtämp* statt **stamp,** *i-ßkuul* statt **school** etc.

Grammatik

Da die indischen Sprachen weder einen bestimmten noch einen unbestimmten Artikel kennen, wird dieser auch im Englischen oft weggelassen. Ein Beispiel:

Yesterday I went to market
and bought pineapple.
statt
Yesterday I went to the market
and bought a pineapple.
gestern ich ging zum Markt und kaufte
eine Ananas
Gestern ging ich zum Markt und kaufte
eine Ananas.

Vokabular

Zahlreiche Vokabeln, die aus den Kolonialzeiten Englands stammen und im englischen Mutterland längst in Vergessenheit geraten sind, werden noch genutzt. Beipiele:

…	Speise
… have grub	essen
tiffin	Mittagessen
tiffin box	Henkelmann
sleuth	Detektiv
nab	einfangen (z. B. einen Ganoven)
latrine	Toilette
urinal	Pissoir

Dazu kommt eine Reihe von indisch-englischen Wortschöpfungen, wie **pantpiece** = Stoff, um eine Hose daraus zu nähen, **youngman** = Jugendlicher (statt **young man**), **dacoit** = Räuber (Hindi **daku**), **dacoity** = Raub, Überfall (Hindi **dak**), **Eve-teaser** = Mädchenbelästiger (wörtl. „Eva-Necker").

In Bussen sind gelegentlich die folgenden Warnungen zu sehen:

12 standees only
12 Steher nur
Nur 12 Stehpersonen gestattet.

Spittees not allowed!
Spucker nicht erlaubt
Spucken verboten!

Einkaufen

Einkaufen **(shopping)** ist ein fester Bestandteil des Reisens. Vielen Leuten sitzt während des Urlaubs das Portmonnee lockerer als zu Hause. Es macht natürlich auch viel mehr Spaß, auf einem orientalischen Basar eine Kamelledertasche zu erstehen, als zu Hause am Grabbeltisch bei C & A das obligatorische Sweatshirt zu erwühlen, obwohl das Geschiebe und Gedränge ähnlich ist. Damit Einkaufen im Urlaub nicht in Stress ausartet, sollte man einige Redewendungen beherrschen, die einem die Sache erleichtern.

Falls man die Zahlen noch nicht kann, sollte man ihnen spätestens jetzt einige Aufmerksamkeit schenken. Denn je weiter man sich aus deutschen Landen entfernt, desto unüblicher wird es, die Ware auszuzeichnen. Natürlich helfen notfalls auch Papier und Schreibgerät.

Hello, do you sell postcards?
hällou duh juh ßäll poußtkahds
hallo tun Sie verkaufen Postkarten
Guten Tag, verkaufen Sie Postkarten?

I want to buy a shirt, please!
ei wonnt tuh häw/bei è schört plihs
ich möchte zu kaufen ein Hemd bitte
Ich möchte bitte ein Hemd kaufen.

How much is it?
hau matsch is itt
wie viel ist es
Was kostet das?

This is too expensive.
ðiß is tuh ikßpännsif
das ist zu teuer
Das ist zu teuer.

I get back some change (money).
ei gätt bäck ßamm tschäindsch (mannih)
ich bekomme zurück einiges Wechsel (Geld)
Ich bekomme noch Geld zurück.

Can you change money?
känn juh tschäindsch mannih
können Sie wechseln Geld
Können Sie Geld wechseln?

I don't like it.
ei dont leik itt
ich tu'nicht mögen es
Ich mag es nicht.

How long will it take to repair my glasses?
hau long will itt täik tuh rihpähr mei glahßiß
wie lang wird es nehmen zu reparieren meine Brille
Wie lange wird es dauern, meine Brille zu reparieren?

Have you got the swim-suit in a smaller size?
häw juh gott ðè ßwimmßjuht in è ßmohlèr ßeis
haben Sie bekommen der Badeanzug in ein kleiner Größe
Haben Sie den Badeanzug auch in einer kleineren Größe?

Allgemeine Ausdrücke

cheap	*tschihp*	billig
(too) expensive	*tuh ikßpännßif*	(zu) teuer
buy	*bei*	kaufen
shop	*schopp*	Laden/Geschäft
sell	*ßäll*	verkaufen

Geschäfte

antique shop *ènntihk schopp*	Antiquitätenladen
baker *bäikèr*	Bäcker
bargain/haggle *bahgäin/häggl*	feilschen/handeln
boutique *buhtihk*	Boutique
camping equipment *kämmping ihkwipmènt*	Campingartikel
dealer/trader *dihlèr/träidèr*	Händler
department store *dihpahtmènt ßtohr*	Kaufhaus
kiosk *kioßk*	Kiosk
grocer's *groußèrs*	Lebensmittelladen
butcher *butschèr*	Metzger/Fleischer
optician *opptischèn*	Optiker
dry-cleaner's *drei-klihnèrs*	Reinigung
travel agency *träwwèl äidschènßih*	Reisebüro
stationer's *ßtäischènèrs*	Schreibwarenladen
cobbler *kobblèr*	Schuhmacher

souvenir shop *ßuhwènihrs schopp*	Souvenirladen
sports shop *ßpohtß schopp*	Sportartikelgeschäft
supermarket *ßjupèrmahkètt*	Supermarkt
watch-maker *wotschmäikèr*	Uhrmacher

Schmuck

watch	*wotsch*	Armbanduhr
bracelet	*bräißlèt*	Armreif
diamond	*dei | èmènd*	Diamant
gold	*gould*	Gold
necklace	*näcklèß*	Kette
earring	*ihrring*	Ohrring
ring	*ring*	Ring
silver	*ßilwèr*	Silber

Badeartikel

swimsuit	*ßwimmßjuht*	Badeanzug
swimming trunks	*ßwimming trankß*	Badehose
bikini	*bihkihnih*	Bikini
bellows	*bällous*	Blasebalg
lilo	*leilou*	Luftmatratze
rubber dinghi	*rabbèr din-gih*	Schlauchboot
sunhat	*ßannhätt*	Sonnenhut

Kleidung

blouse	*blaus*	Bluse
belt	*bällt*	Gürtel
shirt	*schört*	Hemd
trousers	*trausèrs*	Hose
jacket	*dschäckitt*	Jacke
dress	*dräß*	Kleid
coat	*kout*	Mantel
pullover	*pullouwèr*	Pullover
raincoat	*räinkout*	Regenmantel
skirt	*ßkört*	Rock
scarf	*ßkahf*	Schal/Halstuch
umbrella	*ambrällè*	Schirm
shoes	*schuhs*	Schuhe

Schreibwaren/Zeitung

postcard *poußtkahd*	Ansichts-/Postkarte
pencil *pännßill*	Bleistift
writing paper *reiting päipèr*	Briefpapier
pen *pänn*	Füllfederhalter
biro *beirou*	Kugelschreiber
newspaper *njuhspäipèr*	Zeitung

Lebensmittel

beer	*bièr*	Bier
bread	*brädd*	Brot
butter	*battèr*	Butter
vegetables	*wätschtèbèls*	Gemüse
cheese	*tschihs*	Käse
coffee	*koffih*	Kaffee
milk	*milk*	Milch
mineral water	*minèrèll wohtèr*	Mineralwasser
fruit	*fruht*	Obst
juice	*dschuhs*	Fruchtsaft
tea	*tih*	Tee
wine	*wein*	Wein
sausage	*ßoßidsch*	Wurst

Die wichtigsten unregelmäßigen Verben

Verb	Vergangenheit	vollendete Gegenwart	Übersetzung
be	was/were	been	sein
become	became	become	werden
begin	began	begun	beginnen
blow	blew	blown	wehen/blasen
break	broke	broken	brechen
build	built	built	bauen
buy	bought	bought	kaufen
catch	caught	caught	fangen
come	came	come	kommen
cut	cut	cut	schneiden
do	did	done	tun
drink	drank	drunk	trinken
drive	drove	driven	fahren
eat	ate	eaten	essen
fall	fell	fallen	fallen
feel	felt	felt	fühlen
find	found	found	finden
fly	flew	flown	fliegen
forget	forgot	forgotten	vergessen
get	got	got	werden/bekommen
give	gave	given	geben
go	went	gone	gehen
have	had	had	haben
hit	hit	hit	schlagen
know	knew	known	kennen/wissen

Die wichtigsten unregelmäßigen Verben

Verb	Vergangenheit	vollendete Geg.	Übersetzung
leave	left	left	verlassen
lose	lost	lost	verlieren
make	made	made	machen
meet	met	met	treffen
put	put	put	setzen/stellen/ legen
read	read	read	lesen
run	ran	run	rennen/laufen
say	said	said	sagen
see	saw	seen	sehen
sell	sold	sold	verkaufen
send	sent	sent	senden
shut	shut	shut	schließen
sit	sat	sat	sitzen
sleep	slept	slept	schlafen
speak	spoke	spoken	sprechen
spend	spent	spent	verbringen
stand	stood	stood	stehen
steal	stole	stolen	stehlen
swim	swam	swum	schwimmen
take	took	taken	nehmen
tell	told	told	erzählen
think	thought	thought	denken
understand	understood	understood	verstehen
write	wrote	written	schreiben

Wörterliste Deutsch – Englisch

© H. G. Semsek

Das nachfolgende Wörterverzeichnis gibt es einmal Deutsch-Englisch und einmal Englisch-Deutsch, so dass man Wörter nachschauen kann, wenn man einerseits selbst formulieren und andererseits etwas Gehörtes verstehen möchte. Das Verzeichnis umfasst ca. 1000 Wörter des Grundwortschatzes, einschließlich der wichtigsten Wörter aus den vorangegangenen Kapiteln.

Es ist allerdings unerlässlich, ein Wörterbuch mitzuführen, um auch Redesituationen, die im vorliegenden Sprechführer möglicherweise unberücksichtigt geblieben sind, bewältigen zu können.

Die Abkürzung **s.b.** *bedeutet* **somebody** *(jemand).*

A

Abend evening
abends in the evening
Abreise departure
ablegen (Schiff) sail/leave
Abschleppseil towrope
Abtreibung abortion
Adresse address
alle/s all
allein alone
allergisch allergic
alt old
Ampel traffic lights
Anfall attack/fit
Anker anchor
Ankunft arrival
Anmeldung *(Hotel)* registration
jdn. anrufen *(Tel.)* give s.b. a call, ring s.b. up
Anschlussflug connecting flight
anschnallen fasten seat belt
ansteckend catching
jdn. anzeigen report s.b.
Apfel apple
April April
Apotheke chemist
arbeiten work
arm poor
Arm arm
Arzt doctor
Aschenbecher ashtray
atmen breathe
Aufenthaltsraum lounge
Aufzug elevator/lift
Ausgang exit
aussteigen get off
Auto car
Autobahn motorway

B

Badeanzug swim-suit
Badehose swimming trunks
Badezimmer bathroom
Bäcker baker
Bank *(Geld)* bank
Bargeld cash
Batterie battery
Behandlung treatment

Bein leg
bekommen get
belästigen pester
bequem comfortable
besetzt engaged
besser better
Besteck cutlery
Bestimmungsort destination
bezahlen pay
Bier beer
billig cheap
Billigtarif cheap rate
Blasebalg bellows
Bleistift pencil
Blinddarm appendix
Bluse blouse
Blut blood
Boot boat
Brathuhn roast chicken
Bremse brake
Brille glasses
Brief letter
Briefmarke stamp
Brieftasche wallet
Brot bread
Bruch (Knochen) fracture
Bruder brother
Brust breast
Buch book
buchen book
Buchhandlung bookshop
buchstabieren spell
Bus bus
Bushaltestelle bus stop
Butter butter

C

Camping camping
Campingbus camper
Campingplatz campsite

D

da there
Dame lady
Damentoilette ladies' room
Dampfer steamer
Danke thank you
das (Artikel) the
das da that
dauern take
deklarieren declare
der the
Deutschland Germany
die the
Dieb thief
Diebstahl theft
Dienstag Tuesday
dies/e this
Donnerstag Thursday
Doppelzimmer double room
Drogen drugs
Druck pressure
du you
dürfen may
Durchfall diarrhoea
durchwählen dial straight through
Dusche shower

E

Ehefrau wife
Ehemann husband
Ei egg
eigen/es/er own
Eilbrief express letter
einfach (Fahrkarte) single
einige some
einkaufen go shopping
Einreise entry
Einschreibebrief registered letter
Einzelzimmer single room
Empfänger addressee
Entschuldigung! sorry!
erste/r/s first
essen eat
Essig vinegar
Etage floor
etwas something

F

Fähre ferry
fahren go/drive
Fahrkarte ticket
Fahrplan timetable
falsch wrong
Familie family
Familenname surname
Februar February
Fenster window

Ferien holidays
Ferngespräch long-distance call
Fieber temperature
Finger finger
Fleisch meat
fliegen fly
Flug flight
Flughafen airport
Flugsteig gate
Flugzeug plane
Formular form
Fotoapparat camera
Frage question
fragen ask
Frau/en woman/women
Freitag Friday
Fremdenführer guide
Freund/in friend
Frisör hair-dresser
Frühling spring
Frühstück breakfast
führen lead
Führerschein driving-licence
Fundbüro lost property office
funktionieren work
Fuß/Füße foot/feet

G

Gabel fork
Gallone gallon
Gang (Auto) gear
gebacken baked
geben give
Gefängnis prison
gehen go
gekocht boiled
Geld money
Geldbetrag amount (of money)
Geldwechsel exchange
Gemüse vegetables
genug enough
Gepäck luggage
geradeaus straight on
Geschäft shop/business
Geschlechtsverkehr intercourse
Gesicht face
Gespräch conversation
gestern yesterday
Getränk drink
Gewürz spice
glauben think/believe
Grippe flu
Größe (Kleidung) size
gültig valid
Gürtel belt
gut good

H

Hafen harbour
Hähnchen chicken
halb half
Hals throat/neck
Halsschmerzen sore throat
Hand hand
Handtasche handbag
Handtuch towel
Hauptstadt capital
Haus house
Hausfrau housewife
heiß hot
Hemd shirt
Herbst autumn
Herrentoilette gents
Herz heart
hinaus out
hier here
Hitze heat
Hörer (Telefon) receiver
Honig honey
Hose trousers
Hotel hotel
hungrig hungry

I

Ich I
Ihr your
inbegriffen included
Informationsschalter information desk
Innenstadt city center

J

ja yes
Jacht yacht
Jacke jacket

Jahr year
Januar January
Jahreszeit season
jetzt now
jucken itch
Juli July
Juni June
Jugendherberge youth hostel
Junge boy
Juwelier jeweller

K

Kabel wire/cable
Kabine cabin
Käse cheese
Kaffee coffee
kalt cold
Kartoffel potato
kaufen buy
Kaufhaus department store
Kellner/in waiter/waitress
Kfz-Mechaniker car mechanic
Kilometer kilometre
Kind/er child/children
Kinderfahrkarte half
Kissen pillow
klar clear
klein little/small
Knochen bone
Koch cook
können can
Koffer suitcase
kommen come
Konsulat consulate
Kopf head
krank sick/ill
Krankenhaus hospital
Kräuter herbs
Kreuzung crossroads
kühl cool
küssen kiss
Kuss kiss
Küste coast
Kugelschreiber biro
Kursbuch railway guide

L

Laden shop
Laken sheet
lang/e long
langsam slow
langweilig boring
leben live
Leben life
Lebensmittelladen grocer's
lesen read
letzte/r/es last
Liebe love
lieben love
Liegewagen couchette
links left
Lippe lip
Luftkrankheit air-sickness
Luftmatratze lilo

M

machen make
Mädchen girl
Magen stomach
Mai May
Mann/Männer man/men
Matratze mattress
Medikament medicine
Meer sea
mehr more
Meinung opinion
meiner Meinung nach in my opinion
Menstruation menstruation
Metzger butcher
mieten rent
Milch milk
Mineralwasser mineral water
Minute minute
mit with
Mittagessen lunch
Mittwoch Wednesday
mögen like/want
Moment moment
Monat month
Montag Monday
Mord murder
Mörder murderer
Morgen morning
morgen tomorrow
morgens in the morning
Mund mouth

Museum museum
Mutter mother

N

nach (zeitl.) past
Nachmittag afternoon
Nachrichten news
nächste/r/s (örtl.) nearest
Nacht night
Name name
nehmen take
nein no
nett nice
nervös nervous
neu new
nicht not
nichts nothing
Normalbenzin regular grade petrol
Notausgang emergency exit
Notbremse emergency brake
Null zero
Nummer (Nr.) number (No.)

O

oben on top
Obst fruit
oder or
öffnen/offen open
Öl oil
ohne without
Oktober October
Optiker optician
Ortgespräch local call

P

ein paar a few
ein Paar a pair of
Paket/Päckchen parcel
Panne breakdown
parken park
Parkuhr parking meter
Passagier passenger
Patient patient
Pension boarding house/ bed and breakfast
Personalausweis identity card
Pfeffer pepper
Platzkarte seat reservation
Polizeiwache police station
Polizist policeman
Portmonnee purse
Porto postage
Porzellan china
Postamt post-office
Postsparbuch post-office savings book
prüfen check
pünktlich in time

R

Rad wheel
Radio radio
rauchen smoke
Rasierapparat razor
rasieren shave
Rechnung bill
rechts right
Regen rain
Regenmantel raincoat
Regenschirm umbrella
Reinigung (chem.) dry cleaner's
Reise journey/trip
reisen travel
Reisebüro travel agency
reparieren repair/fix
Rezept (Arzt) prescription
richtig right
Richtung direction
Ring ring
Rücken back
Rückfahrkarte return ticket
ruhig quiet

S

Sache thing
sagen say/tell
Saft juice
Salat salad
Salbe ointment

Salz salt
Samstag Saturday
schade! what a pity!
Schaffner conductor
Schalter counter
Schiff boat/ship
schlafen sleep
Schlafwagen sleeper
Schlauchboot rubber dinghi
schlecht bad
Schlüssel key
Schmerz pain
Schmuck jewellery
schnell quick/fast
Schnellzug express train
schön beautiful
schreiben write
Schreibwarenladen stationer's
schreien cry
Schuh shoe
Schule school
Schulter shoulder
Schuster cobbler
schwanger pregnant
Schwangerschaft pregnancy
Schwein pig
Schweinefleisch pork
Schwester sister
sehen see
Seife soap
seltsam strange
September September
Serviette napkin
sicher safe/sure
sie (Einzahl) she
sie (Mehrzahl) they
Sie you
Sommer summer
Sonntag Sunday
Spaziergang walk
spazieren gehen go for a walk
spielen play
Spritze injection
Stadt town
starten start
Steckdose socket
Stecker plug
Stein stone
Strand beach
streicheln caress
Strom electricity
ein Stück von a piece of
Stunde hour
süß sweet
Suppe soup

T

Tabak tobacco
Tabakladen tobacconist
Tablette tablet
Tag day
täglich daily
Tankwart attendant
tanzen dance
Tasche bag
Tee tea
Telefon telephone
Telefonbuch telephone directory
Telefonzelle call box
Teller plate
teuer expensive
Tisch table
Tochter daughter
Toilette lavatory
toll great/far out
Touristennest tourist haunt
trocken dry
Turm tower

U

U-Bahn underground
übel sick
Übelkeit nausea
Überfahrt crossing
Überfall raid
überholen (Auto) overtake
übergeben (sich) vomit
übersetzen translate
Übersetzung translation
Uhr clock
und and
Unfall accident
ungefähr about
unser our
unter under
Unterkunft accommodation

unschuldig innocent
unterschreiben sign
Unterschrift signature
Untersuchung examination

V

Vater father
vegetarisch vegetarian
verboten prohibited
verbringen spend
verdienen earn
verfolgen follow
vergwaltigen rape
Verhütungsmittel contraceptive
Verkäufer/in shop assistent
Verkehrsschild road sign
verlassen leave
verletzen hurt
verletzt hurt
verliebt in love
versichert insured
vielleicht perhaps
voll full
vorgestern the day before yesterday
Vorname first name
vorsichtig careful
Vorspeise starter
vorzüglich excellent

W

wählen (Telefon) dial
Währung currency
wahrscheinlich probably
Wagenheber lifting jack
Waren goods
was what
Waschbecken basin
Wasser water
Wasserhahn tap
Wechselgeld change
Wechselkurs exchange rate
wechseln change
wecken wake
Weihnachten Christmas
weinen cry
wer who
Werkzeug tools
wie how
Windschutzscheibe windscreen
Winter winter
wir we
Witz joke
Woche week
Wohnmobil caravan
wunderbar wonderful

Z

zählen count
zahlen pay
Zahnarzt dentist
Zahnbürste tooth brush
Zahnpasta tooth paste
Zeitung newspaper
Zelt tent
Zeuge witness
Zielort destination
Zigarette cigarette
Zigarre cigar
Zoll (Geld) duty
Zoll (Behörde) customs
Zoo zoo
zuerst first
Zug train
zurück back
zustimmen agree
Zwischenlandung stopover

Wörterliste Englisch – Deutsch

A

a dozen ein Dutzend
a few ein paar
a pair of ein Paar
abortion Abtreibung
about ungefähr
absent abwesend
accelerate Gas geben
accident Unfall
accommodation Unterkunft
accompany begleiten
account Konto
accusation Anklage
acquaintance Bekanntschaft
actor Schauspieler
actress Schauspielerin
address Adresse
addressee Empfänger
admission Eintritt
advantage Vorteil
affair Angelegenheit
afford something sich etwas leisten
afternoon Nachmittag
agree zustimmen
agree with übereinstimmen mit
airport Flughafen
air-sickness Luftkrankheit
all alle/s
allergic allergisch
alone allein
although obwohl
amber Bernstein
ambulance Krankenwagen
amount (of money) Geldbetrag
anchor Anker
and und
angry zornig
animal Tier
ankle Knöchel
annoy ärgern
anorak Anorak
appendix Blinddarm
apple Apfel
appropriate angemessen
April April
area Gegend
arm Arm
arrival Ankunft
arrogance Anmaßung
ashtray Aschenbecher
ask fragen
at once sofort
attack Anfall
attendant Tankwart
attention Aufmerksamkeit
autumn Herbst
avoid vermeiden

B

back Rücken
back zurück
bacon Speck
bad schlecht
bag Tasche
baked gebacken
baker Bäcker
bank Bank (Geld)
basin Waschbecken
basket Korb
bathroom Badezimmer
battery Batterie
be missing fehlen
be slow nachgehen (Uhr)
beach Strand
beans Bohnen
beautiful schön
become werden
bedside table Nachttisch
beer Bier
beggar Bettler
behave sich benehmen
bell Klingel
bellows Blasebalg
belt Gürtel
better besser
big groß
bill Rechnung
binoculars Fernglas
bird Vogel

Wörterliste Englisch – Deutsch

biro Kugelschreiber
birth Geburt
birthday Geburtstag
bitter bitter
black schwarz
bladder Blase
blazing strahlend (Sonne)
blood Blut
blood pressure Blutdruck
blouse Bluse
blow blasen
board and lodging Unterkunft und Verpflegung
boarding-house Gasthof
boarding house/bed and breakfast Pension
boast angeben/prahlen
boat Boot
boat/ship Schiff
boiled gekocht
bone Knochen
book Buch
book buchen
bookshop Buchhandlung
border Grenze
boring langweilig
borrow borgen
bowl Schüssel
boy Junge
brain Verstand
brain Gehirn
brake Bremse
bread Brot
breakdown Panne
breakdown service Abschleppdienst
breakfast Frühstück
breast Brust
breathe atmen
broken kaputt
bronchitis Bronchitis
brother Bruder
bulb Glühbirne
burn ointment Brandsalbe
bus Bus
bus stop Bushaltestelle
busy beschäftigt; geschäftig
butcher Metzger
butter Butter
buy kaufen

C

cabbage Kohl
cabin Kabine
call box Telefonzelle
calm/quiet ruhig
camera Fotoapparat
camper Campingbus
camping Camping
campsite Campingplatz
can können
capital Hauptstadt
car Auto
car mechanic Kfz-Mechaniker
car park Parkplatz
caravan Wohnmobil
cardigan Strickjacke
careful vorsichtig
caress streicheln
carpet Teppich
carrot Mohrrübe
cash Bargeld
castle Schloss
cat Katze
catch a cold sich erkälten
catching ansteckend
catholic katholisch
cauliflower Blumenkohl
cave Höhle
century Jahrhundert
chair Stuhl
change Wechselgeld
change wechseln
charge aufladen (Batterie)
cheap billig
cheap rate Billigtarif
check prüfen
cheese Käse
chemist Apotheke
cherry Kirsche
chess Schach
chicken Hähnchen
child/children Kind/er
chilly frostig
china Porzellan
chips, French fries Pommes frites
chives Schnittlauch

chocolate Schokolade
choice Wahl
choice Auswahl
chop Kotelett
Christmas Weihnachten
cigar Zigarre
cigarette Zigarette
city center Innenstadt
clear klar
clergyman Pfarrer
climate Klima
cloakroom Garderobenraum
clock Uhr
cloudy bewölkt
coast Küste
cobbler Schuster
coffee Kaffee
coin Münze
cold kalt
collar-bone Schlüsselbein
colour Farbe
come kommen
come in! Herein!
come off abgehen/abfallen
comfortable bequem
compassion Mitleid
concussion Gehirnerschütterung
conductor Schaffner
connecting flight Anschlussflug
constant ständig
consulate Konsulat
consume aufbrauchen
contact lenses Kontaktlinsen
contraceptive Verhütungsmittel
contradict widersprechen
contribute beisteuern
conversation Gespräch
cook Koch
cool kühl
cork screw Korkenzieher
corruption Bestechlichkeit
cotton Baumwolle
couchette Liegewagen
count zählen
counter Schalter
cranberry Preiselbeere
cream Sahne
crossing Überfahrt
crossroads Kreuzung
cry schreien
cry weinen
cucumber Gurke
currency Währung
custody Haft
customs Zollbehörde
cutlery Besteck

D

daily täglich
dance tanzen
danger of death Lebensgefahr
dark dunkel
date of birth Geburtsdatum
dates Datteln
daughter Tochter
day Tag
december Dezember
declare deklarieren
dentist Zahnarzt
denture Gebiss (künstl.)
deny leugnen
department store Kaufhaus
departure Abreise
desperate verzweifelt
dessert Nachtisch
destination Zielort
destination Bestimmungsort
determination Entschlossenheit
diabetic Diabetiker
dial wählen (Telefon)
dial straight through durchwählen
diarrhoea Durchfall
die sterben
dig graben
diminish vermindern
direction Richtung
disinfectant Desinfektionsmittel
dislike (of) Abneigung
district Stadtteil
disturb stören
dive tauchen

diving equipment Taucherausrüstung
divorce sich scheiden lassen
doctor Arzt
door handle Türklinke
door-lock Türschloss
double room Doppelzimmer
drain Abfluss
dress Kleid
drink Getränk
driving-licence Führerschein
drugs Drogen
dry trocken
dry trocknen
dry herb (Wein)
dry cleaner's Reinigung (chem.)
duck Ente
duration Dauer
duty Zoll (Geld)

E

earn verdienen
earthquake Erdbeben
eat essen
egg Ei
elastic bandage Elastikbinde
elbow Ellbogen
electricity Strom
elevator/lift Aufzug
embassy Botschaft
emergency brake Notbremse
emergency exit Notausgang
emperor Kaiser
engaged besetzt
engaged besetzt
enough genug
entry Einreise
evening Abend
examination Untersuchung
excavations Ausgrabungen
excellent vorzüglich
exchange Geldwechsel
exchange rate Wechselkurs
excursion Landausflug
exit Ausgang
exit visa Ausreisevisum
expensive teuer
express letter Eilbrief
express train Schnellzug

F

face Gesicht
faint Ohnmacht
fall stürzen
family Familie
fasten seat belt anschnallen
fasten seat belts anschnallen
fat fett
father Vater
February Februar
fee Benutzungsgebühr
ferry Fähre
figs Feigen
finger Finger
first zuerst
first erste/r/s
first name Vorname
fishing licence Angelschein
flat flach
flight Flug
floor Etage
flower Blume
flu Grippe
fly fliegen
follow verfolgen
follow folgen
food-poisoning Lebensmittelvergiftung
foot/feet Fuß/Füße
forest Wald
fork Gabel
form Formular
fountain Brunnen
fracture Bruch (Knochen)
free kostenlos
freedom/liberty Freiheit
Friday Freitag
friend Freund/in
fruit Obst
full voll
full board Vollpension

G

gallon Gallone
garden Garten
garlic Knoblauch
gate Flugsteig
gear Gang (Auto)
gents Herrentoilette
Germany Deutschland
get bekommen
get accustomed to gewöhnen an
get excited sich aufregen
get off aussteigen
girl Mädchen
give geben
give s.b. a call jnd. anrufen
gland Drüse
glasses Brille
glossy glänzend
glue Klebstoff
go gehen
go for a walk spazieren gehen
go shopping einkaufen
go/drive fahren
good gut
goods Waren
government Regierung
grandfather Großvater
grandmother Großmutter
grapes Weintrauben
greasy fettig
great/far out toll
green grün
grey grau
grilled gegrillt
grocer's Lebensmittelladen
grown-up erwachsen
guide Fremdenführer
guilt Schuld

H

habit Gewohnheit
hail Hagel
hair Haar
hair brush Haarbürste
hair-dresser Frisör
half halb
half Kinderfahrkarte
ham Schinken
hand Hand
handbag Handtasche
handle Griff
hanger Kleiderbügel
happen geschehen
harbour Hafen
harbour police Hafenpolizei
hard hart
hatred Hass
head Kopf
heart Herz
heat Hitze
helpful hilfsbereit
herbs Kräuter
here hier
high tide Flut
history Geschichte
holidays Ferien
honey Honig
honk hupen
horse Pferd
hospital Krankenhaus
hot heiß
hotel Hotel
hour Stunde
hourly stündlich
house Haus
housewife Hausfrau
how wie
hungry hungrig
hurt verletzen
hurt verletzt
husband Ehemann

I

I Ich
identity card Personalausweis
illuminate erleuchten
impatience Ungeduld
improve verbessern
impudence Frechheit
in love verliebt
in my opinion meiner Meinung nach
in the evening abends
in the morning morgens
in time pünktlich

included inbegriffen
independent unabhängig
indicator Blinker
indifferent gleichgültig
inflammation Entzündung
information desk Informationsschalter
injection Spritze
injustice Ungerechtigkeit
innocent unschuldig
insomnia Schlaflosigkeit
insult beleidigen
insured versichert
intentionally absichtlich
intercourse Geschlechtsverkehr
investigation Untersuchung (jur.)
island Insel
itch jucken

J

jacket Jacke
January Januar
jaw Kiefer
jeweller Juwelier
jewellery Schmuck
joke Witz
journey/trip Reise
juice Saft
July Juli
June Juni

K

key Schlüssel
kidney Niere
kilometre Kilometer
king König
kingdom Königreich
kiss küssen
kiss Kuss
knee Knie

L

ladies' room Damentoilette
lady Dame
lake See *(Binnen)*
lamb Lamm
larynx Kehlkopf
last letzte/r/es
lavatory Toilette
lawyer Rechtsanwalt
laxative Abführmittel
lead führen
lean mager
leave verlassen
left links
leg Bein
letter Brief
lettuce Kopfsalat
life Leben
lift Fahrstuhl
lifting jack Wagenheber
light Licht
like/want mögen
lilo Luftmatratze
liniment Einreibemittel
lip Lippe
little/small klein
live leben
liver Leber
lobster Hummer
local call Ortgespräch
loin Lende
long lang/e
long-distance call Ferngespräch
lorry/truck Lastwagen
lost property office Fundbüro
lounge Aufenthaltsraum
love Liebe
love lieben
low tide Ebbe
luggage Gepäck
lunch Mittagessen

M

maiden name Geburtsname
make machen
man/men Mann/Männer
map Landkarte
map of the town Stadtplan
match Streichholz
mattress Matratze
May Mai
may dürfen

meat Fleisch
mechanic Mechaniker
medicine Medikament
menstruation Menstruation
midwife Hebamme
mild mild
milk Milch
minced meat Hackfleisch
mineral water Mineralwasser
minute Minute
mirror Spiegel
misery Elend
mix mischen
moist/damp feucht
moment Moment
Monday Montag
money Geld
month Monat
mood Stimmung
more mehr
morning Morgen
mosque Moschee
mother Mutter
motorway Autobahn
mountain Berg
moustache Schnurrbart
mouth Mund
mudguard Kotflügel
murder Mord
murderer Mörder
museum Museum
mushroom Speisepilz
mussels Muscheln (essbar)

N

name Name
napkin Serviette
narrow schmal
narrow eng
nausea Übelkeit
nearest nächste/r/s (örtl.)
neighbour Nachbar
nervous nervös
new neu
news Nachrichten
newspaper Zeitung
next nächster (Reihenf.)
nice nett
night Nacht
night duty Nachtdienst
no nein
not nicht
nothing nichts
now jetzt
number plate Nummernschild
number (No.) Nummer (Nr.)
nurse Krankenschwester
nut Nuss

O

ocean Ozean
October Oktober
oil Öl
ointment Salbe
old alt
old-fashioned altmodisch
on foot zu Fuß
on top oben
one-way street Einbahnstraße
open öffnen/offen
opinion Meinung
optician Optiker
or oder
our unser
out hinaus
overcast bedeckt (Wetter)
overtake überholen
overtake überholen (Auto)
own eigen/es/er

P

packed lunch Lunchpaket
pain Schmerz
palace Palast
paprika Paprikagewürz
paralysis Lähmung
parcel Paket/Päckchen
park parken
parking disc Parkscheibe
parking meter Parkuhr
parsley Petersilie
passenger Passagier

past nach (zeitl.)
pastime Zeitvertreib
pastries Gebäck
patient Patient
pavement Gehweg
pay zahlen
pay bezahlen
peach Pfirsich
peanuts Erdnüsse
pear Birne (Frucht)
pedestrian Fußgänger
pencil Bleistift
people Leute
pepper Pfeffer
peppers Paprikaschoten
performance Vorstellung (Theater)
perfume Parfum
perhaps vielleicht
pester belästigen
petrol can Benzinkanister
picture Bild
piece of ein Stück von
pig Schwein
pillow Kissen
pillow Kopfkissen
pineapple Ananas
place of birth Geburtsort
plane Flugzeug
plant Pflanze
plastic bag Plastikbeutel
plate Teller
play spielen
play spielen
plug Stecker
plum Pflaume
police station Polizeiwache
policeman Polizist
poor arm
population Bevölkerung
pork Schweinefleisch
postage Porto
post-office Postamt
post-office savings book Postsparbuch
pot Topf
potato Kartoffel
power Macht
precious kostbar
prefer bevorzugen
pregnancy Schwangerschaft
pregnant schwanger
preparation Zubereitung
prescription Rezept (Arzt)
present Geschenk
president Präsident
pressure Druck
pretend vortäuschen
prevent s.b. from jdn. von etw. abhalten
primitive primitiv
prison Gefängnis
probably wahrscheinlich
progress Fortschritt
prohibited verboten
proof Beweis
property Eigentum
proposal Vorschlag
protestant protestantisch
public convenience Bedürfnisanstalt
pull ziehen/reißen
punishment Strafe
purse Portmonnee
pyjamas Schlafanzug

Q

quarrel Streit
queen Königin
question Frage
quick/fast schnell
quiet ruhig

R

radio Radio
raid Überfall
railway guide Kursbuch
rain Regen
raincoat Regenmantel
rape vergwaltigen
raspberry Himbeere
rather ziemlich
raw roh
razor Rasierapparat
razor blade Rasierklinge
read lesen
reading lamp Nachttischlampe

reasonable vernünftig
receiver Telefonhörer
recommend empfehlen
recover from sich erholen von
reduction Ermäßigung
refreshments Erfrischungen
registered letter Einschreibebrief
registration Anmeldung (Hotel)
regular grade petrol Normalbenzin
regulations Bestimmungen
religion Religion
rent mieten
repair/fix reparieren
repeat wiederholen
report s.b. jdn. anzeigen
reserved zurückhaltend
resist widerstehen
responsible verantwortlich
result Ergebnis
return zurückkehren
return ticket Rückfahrkarte
revenge Rache
right rechts
right richtig
ring Ring
ring s.b. up jdn. anrufen
road sign Verkehrsschild
roadworks Straßenarbeiten
roast chicken Brathuhn
roasted geröstet
rob rauben
roll Brötchen
rubber dinghi Schlauchboot
ruin ruinieren

S

safe/sure sicher
safety pin Sicherheitsnadel
sail/leave ablegen (Schiff)
salad Salat
salt Salz
salted gesalzen
Saturday Samstag
sauna Sauna
say/tell sagen
school Schule
sciatica Ischias
scissors Schere
scrambled eggs Rühreier
screwdriver Schraubenzieher
sea Meer
season Jahreszeit
seat reservation Platzkarte
see sehen
seldom selten
self-confidence Selbstvertrauen
sensitive empfindsam
September September
serious ernst
shallow seicht
shape Gestalt, Form
shave rasieren
shaving brush Rasierpinsel
shaving soap Rasierseife
she sie (Einzahl)
sheet Laken
shirt Hemd
shoe Schuh
shoot schießen
shop Laden
shop assistent Verkäufer/in
shop/business Geschäft
shoulder Schulter
shower Dusche
shy schüchtern
sick übel
sick/ill krank
sightseeing tour Rundfahrt
sign unterschreiben
signature Unterschrift
silk Seide
single einfach (Fahrkarte)
single room Einzelzimmer

sister Schwester
size Größe (Kleidung)
skull Schädel
sleep schlafen
sleeper Schlafwagen
slice Scheibe (Brot)
slippers Hausschuhe
slow langsam
smoke rauchen
snake Schlange
soap Seife
society Gesellschaft
socket Steckdose
some einige
something etwas
sore throat Halsschmerzen
sorry! Entschuldigung!
soup Suppe
spare part Ersatzteil
speed limit Geschwindigkeits-begrenzung
spell buchstabieren
spend verbringen
spice Gewürz
spleen Milz
spoon Löffel
spring Frühling
srew Schraube
stain Fleck
stamp Briefmarke
start starten
starter Vorspeise
stationer's Schreibwarenladen
steamed gedünstet
steamer Dampfer
steep steil
stew Eintopf
stomach Magen
stone Stein
stopover Zwischenlandung
stormy stürmisch
straight on geradeaus
strange seltsam
straw hat Strohhut
strawberry Erdbeere
strict streng
string Bindfaden
stroke Schlaganfall
stuffed gefüllt (Küche)
substantial nahrhaft (reichlich)
substitute Ersatz
sufficient ausreichend
suitcase Koffer
summer Sommer
summit Gipfel
sunburnt sonnenverbrannt
sundae Eisbecher
Sunday Sonntag
supplementary ticket Zuschlag
suppository Zäpfchen (med.)
surgery Sprechzimmer (Arzt)
surname Familienname
surroundings Umgebung
sweet süß
swimming trunks Badehose
swimsuit Badeanzug
swollen geschwollen

T

table Tisch
table cloth Tischdecke
tablet Tablette
take nehmen
take dauern
take a supplementary ticket nachlösen
talkative gesprächig
tap Wasserhahn
task Aufgabe
taste schmecken
tea Tee
telephone Telefon
telephone directory Telefonbuch
television Fernsehen
temperature Fieber
tender zart
tent Zelt
terrible/awful schrecklich
thank you Danke
that das da
the der, die, das
the day after tomorrow übermorgen
the day before yesterday

vorgestern
the shivers Schüttelfrost
theft Diebstahl
there da
they sie (Mehrzahl)
thief Dieb
thigh Oberschenkel
thigh Schenkel
thing Sache
think/believe glauben
this dies/e
throat/neck Hals
thumb Daumen
Thursday Donnerstag
ticket Fahrkarte
tie Krawatte
tights Strumpfhose
timetable Fahrplan
tin-opener Büchsenöffner
tip Trinkgeld
tobacco Tabak
tobacconist Tabakladen
toe Zehe
toilet-paper Toilettenpapier
tomorrow morgen
tonsils Mandeln (Körper)
tools Werkzeug
tooth brush Zahnbürste
tooth paste Zahnpasta
top up nachfüllen
torch Taschenlampe
touch berühren
tourist haunt Touristennest
towel Handtuch
tower Turm
town Stadt
town hall Rathaus
towrope Abschleppseil
toy Spielzeug
traffic Verkehr
traffic lights Ampel
train Zug
tranquillizer Beruhigungsmittel
translate übersetzen
translation Übersetzung
travel reisen
travel agency Reisebüro
treatment Behandlung
trousers Hose
Tuesday Dienstag

U

umbrella Regenschirm
unconscious bewusstlos
under unter
under age minderjährig
underground U-Bahn

V

valid gültig
valley Tal
veal Kalbfleisch
vegetables Gemüse
vegetarian vegetarisch
velvet Samt
venereal disease Geschlechtskrankheit
venison Reh (Küche)
village Dorf
vinegar Essig
visiting hours Besuchszeit
vomit sich übergeben

W

waiter/waitress Kellner/in
wake wecken
walk Spaziergang
wallet Brieftasche
warning triangle Warndreieck
water Wasser
waterfall Wasserfall
waterproof wasserdicht
wave Welle
we wir
Wednesday Mittwoch
week Woche
week-day Wochentag
well-done durchgebraten
what was
what a pity! schade!
wheel Rad
whipped cream Schlagsahne
who wer

whooping cough Keuchhusten
wife Ehefrau
window Fenster
window seat Fensterplatz
windscreen Windschutzscheibe
winter Winter
wire Kabel
with mit
within innerhalb
without ohne
witness Zeuge
woman/women Frau/en
wonderful wunderbar
wool Wolle
work arbeiten; funktionieren
working-day Werktag
write schreiben
wrong falsch

X, Y

x-ray röntgen
yacht Jacht
year Jahr
yes ja
yesterday gestern
you Sie
you du
your Ihr
youth hostel Jugendherberge

Z

zero Null
zoo Zoo

sound))) trip
in cooperation with
(((piranha)))
Musik im
Reise Know-How Verlag
Reise Know-How
East Africa
Northern Africa
South Africa
The Andes
Argentina
Australia
The Balkans
Baltic States
Barbados
Oriental Belly Dance
Northeast Brazil
Canada
Chile
China
Colombia
Cuba
Finland
Iceland
India
Ireland
Israel
Japan
Mexico
New Zealand
Norway
Russia, St. Petersburg
Scotland
Switzerland
Turkey
Uruguay
Die Compilations der CD-Reihe sound))) trip stellen aktuelle, typische Musik eines Landes oder einer Region vor.
Im Buchhandel erhältlich | Unverbindl. Preisempf.: EURO 15,90 [D]
Kostenlose Hörprobe im Internet
www.reise-know-how.de

Die Autorin

Doris Werner-Ulrich, Jahrgang 1957, lebt bei Darmstadt.

Ein einjähriger USA-Aufenthalt sowie viele Reisen durch Großbritannien und andere Länder (UdSSR, Nordafrika, Europa) während ihres Anglistikstudiums ließen sie umfangreiche praktische Erfahrungen sammeln mit all den Redesituationen, in die Globetrotter am häufigsten geraten.

Durch ihre jahrelange Unterrichtspraxis als Englischlehrerin ist sie zudem mit den Problemen von Anfängern in der englischen Sprache bestens vertraut.

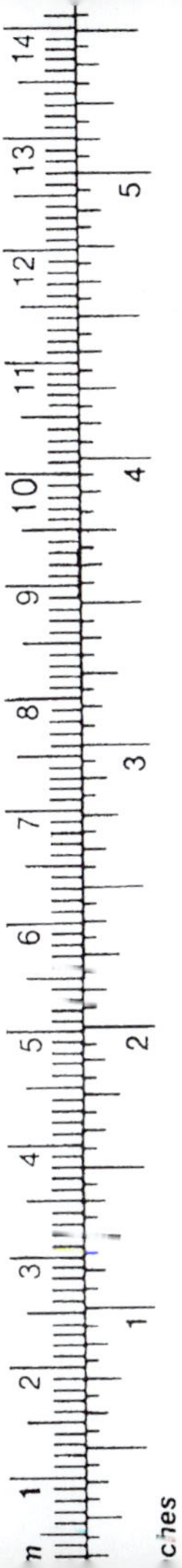

Umrechnungstabelle

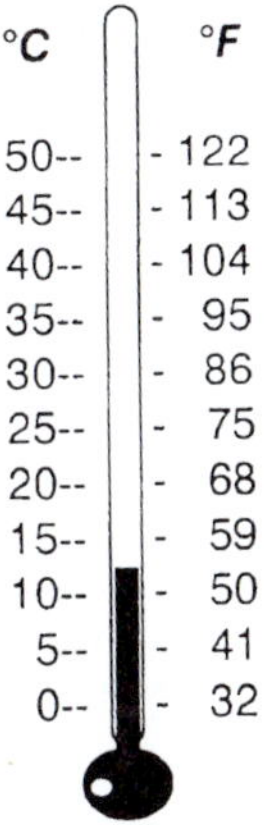

Temperaturen

°Fahrenheit → °C	x 1,8 + 32
°C → °F	- 32 x 0,556

Längenmaße
Flächenmaße

Inches → Zentimeter	x 2,54
Zentimeter → Inches	x 0,39
Feet → Meter	x 0,3
Meter → Feet	x 3,28
Yards → Meter	x 0,91
Meter → Yards	x 1,09
Miles → Kilometer	x 1,61
Kilometer → Miles	x 0,62
Acres → Hektar	x 0,4
Hektar → Acres	x 2,47

Gewichte

Ounces → Gramm	x 28,35
Gramm → Ounces	x 0,035
Pounds → Kilogramm	x 0,45
Kilogramm → Pounds	x 2,21
British Tons → Tonnen	x 1,016
Tonnen→ British Tons	x 0,985

Hohlmaße

Imperial Gallons → Liter	x 4,55
Liter → Imperial Gallons	x 0,22

Reifendruck

Pounds/Inch² → Bar	x 0,07
Bar → Pounds/Inch²	x 14,2

Kauderwelsch

François Carlier

Amerikanisch oder Britisch?

— Unterschiede, die man kennen sollte

© W. Schwieder

Für die hilfreiche Unterstützung möchte ich mich bei
Jean, Christiane, Brigitte, Pierre und Émilie bedanken.
Danke auch an Emmy. (thanks for your help.)

Amerikanisch oder Britisch?

Vokabular

Rechtschreibung, Aussprache, Grammatik

Amerikanisch oder Britisch?

Anhang

Nathan's
SINCE 1916
FAMOUS
75
Years
Nathan's
Nathan's
FAMOUS
YEAR
SEA FOOD

© W. Schwieder

Hinweise zum Gebrauch

Oscar Wilde hat einmal gesagt, die Engländer hätten alles gemeinsam mit den Amerikanern – außer der Sprache. Natürlich war das heillos übertrieben. Daran stimmt, dass auch die Briten selbst manchmal Kommunikationsprobleme mit ihren amerikanischen „Verwandten" haben. Ein Beispiel aus dem Leben: ein Engländer, Automechaniker in Yorkshire, der mit seiner kleinen Tochter in die USA gezogen war, erzählte mir, dass sie einmal mit einer schlechten Note aus der Grundschule heimkam. Der Lehrer hatte die Kinder aufgefordert, mit einem Stift diejenigen Bilder miteinander zu verbinden, die sich als Worte reimten. Die kleine Engländerin hatte die Ente, **a duck,** nicht mit dem Lastwagen – **a truck** im Amerikanischen – verbunden. Warum? Weil „Lastwagen" im Britischen **lorry** heißt!

© W. Schwieder

Das Amerikanische und das Britische sind zwei Varianten derselben Sprache, deren Unterschiede hier in vier großen Kapiteln behandelt werden.

Zunächst das Vokabular, dann die Rechtschreibung: bestimmte Worte schreiben sich unterschiedlich; da sie sich zu einigen großen Familien ordnen lassen, sind sie aber recht einfach zu lernen. Außerdem ist die Aussprache mancher Wörter unterschiedlich, allerdings

Hinweise zum Gebrauch

gibt es in dieser Rubrik nur wenige Beispiele. Selbstverständlich ist hier nicht von regionalen Akzenten die Rede, sondern nur von der „offiziellen" Aussprache bestimmter Wörter. Und auch die Grammatik ist ein Bereich, in dem Unterschiede zu bemerken sind, etwa beim Gebrauch von Präpositionen, bei der Konjugation unregelmäßiger Verben etc.

*Damit Sie immer erkennen können, ob britisches oder amerikanisches Englisch gemeint ist, haben wir die amerikanischen Ausdrücke kursiv gesetzt: **a truck**. Dies gilt auch für die Lautschrift:* **new** [nju] *[nu]*

Im Vokabelteil sollten Sie beachten, dass manche Worte mehrere Bedeutungen haben. Es kann vorkommen, dass ein amerikanischer Ausdruck auch im Britischen existiert, aber einen anderen Sinn hat (und umgekehrt). Um „Herbst" zu sagen, benutzen Briten **autumn**, Amerikaner hingegen ***fall*** („Fall").

*Das britische **tip** ist äquivalent zum amerikanischen **dump** („Müllkippe") bedeutet aber auch „Spitze", „Rat" oder „Trinkgeld".*

Einige Worte kommen nur in einer der beiden Sprachvarianten vor, andere werden in beiden gebraucht. Während „Sarg" im Britischen **coffin** heißt, gibt es im Amerikanischen zwei Möglichkeiten, es auszudrücken: ***casket*** oder ***coffin***. Es gibt keine exakte und quasi automatische Zuordnung „ein britisches Wort = ein amerikanisches Wort"!

*„Riesenrad" im britischen Englisch heißt **big wheel**, im amerikanischen Englisch dagegen **ferris wheel** oder **big wheel.***

Für andere Bereiche wie etwa das Schulsystem gibt es überhaupt keine Entsprechungen, da es in beiden Ländern sehr unterschiedlich organisiert ist. In diesem Fall werden nur vergleichbare Begriffe angegeben, nicht etwa genaue Übersetzungen. Dasselbe gilt für die Polizei, die Justiz, die Politik etc.

Das Britische und das Amerikanische sind keine geschlossenen Systeme, sondern zwei sehr lebendige Sprachen. Es wird sicher vorkommen, dass Sie einen Engländer Worte benutzen hören, die in diesem Buch als spezifisch Amerikanisch vorgestellt werden. Das hat mit dem Unterschied von Theorie und Praxis zu tun, zwischen Ideal und Alltäglichem. Die Beispiele in diesem Buch stehen für die Regel. Diese Regeln muss man kennen um seinen Gesprächspartner zu verstehen und Peinliches zu vermeiden.

Den Begriff Putzfrau" kann man in beiden Sprachvarianten mit **cleaning lady** *übersetzen. Im britischen Englisch benutzt man auch noch* **daily help** *und* **charwoman**.

Für den Anfang empfiehlt es sich, die in diesem Buch aufgeführten Ausdrücke und Wendungen so zu verwenden, wie sie hier angegeben sind, auch wenn Sie einen Londoner kennen, der ***sidewalk*** sagt, oder einen New Yorker, der **to plough** schreibt. Eine lebendige Sprache ist nicht dasselbe wie Mathematik!

(Bürgersteig)
(pflügen)

Es sei auch darauf hingewiesen, dass es sich bei diesem Buch nur um eine nützliche Darstellung der Unterschiede handelt, nicht um eine umfassende Übersicht. Keineswegs werden hier vollständige Listen aufgeführt.

Mit Hilfe dieses Werks treten Sie der angelsächsischen Welt gewappnet entgegen, mit der Sicherheit, subtile Nuancen verstehen und Missverständnisse vermeiden zu können. Und, zu Ihrer Beruhigung, all diese Unterschiede zwischen dem britischen und dem amerikanischen Englisch, das sind zugleich sehr viele und sehr wenige. Es ist zwar unumgänglich, die Ausdrücke zu lernen und sich anzueignen, die zu Verständnisproblemen führen könnten, weil sie in England und den USA unterschiedliche Bedeutung haben oder unterschiedlich benutzt werden. Aber vergessen Sie nicht das Wichtigste: trotz all der Unterschiede, die dieses Buch aufführt, spricht man in Großbritannien und den USA dieselbe Sprache.

Viel Spaß bei der Lektüre!

Kurze englische Sprachgeschichte

Fangen wir erst einmal dort an, wo die Sprache entstanden ist:

Auf britischem Territorium

Die Geschichte der englischen Sprache ist – das ist allerdings eine Binsenweisheit – mit der Geschichte Englands verbunden, wie man sie in Geschichtsbüchern nachlesen kann. Es begann mit germanischen Stämmen, die im 5. Jh. v. Chr. auf den britischen Inseln einfielen. Sie sprachen verwandte aber nicht identische Dialekte. Ihre Runenschrift wurde durch die römischen Buchstaben ersetzt, als die ersten christlichen Missionare gegen Ende des 6. Jh. nach England kamen. Die Angelsachsen vertrieben die Kelten nach Westen und ließen sich im Süden und in der Mitte der Insel nieder; ihre Sprache wurde integriert. Nach und nach unterschied sich das Altenglische von den Sprachen Kontinentaleuropas. Der Wortschatz des Altenglischen war fast ausschließlich germanischen Ursprungs; es gab das männliche, weibliche und neutrale Genus.

Im Jahr 597 kam der heilige Augustin nach Canterbury. Die Christianisierung trug dazu bei, dass die Sprache auch mehr und mehr lateinische Worte aufnahm. Auch der skandinavische Einfluss ist in dieser Epoche von Bedeutung. Im Jahr 1066 geht Wilhelm der Eroberer siegreich aus der Schlacht von Hastings hervor; die Normannen besiegen König Harold und begründen das anglo-normannische Königreich. Die Zeit der Invasionen ist zu Ende. Drei Jahrhunderte lang ist Französisch die offizielle Sprache; es wird von Gelehrten, Adligen, Kirchenleuten gesprochen, während das Englische die Sprache des Volkes bleibt. Viele altenglische Worte sind in dieser Zeit durch französische Synonyme ersetzt worden.

Natürlich ist dies nur ein knapper Überblick, und das Englische hat auch aus vielen anderen Quellen Charakteristika übernommen. Doch unter anderem hat das Französische einen großen Einfluss auf das Englische gehabt und einen substantiellen Beitrag zur Sprachentwicklung geleistet.

Der Durchschnitts-Engländer kommt im Alltag mit einem Wortschatz von nur 5.000 Vokabeln aus. Winston Churchill verwendete in seinen schriftlichen Texten etwa 60.000, aber insgesamt umfasst die englische Sprache rund 500.000 Wörter!

Im 15. und 16. Jh. wurde das Englische langsam standardisiert, und eine wachsende Zahl von Personen konnte es auch schreiben. Doch noch immer sind Veränderungen, vor allem in der Orthographie, sehr zahlreich. Ab dem 18. Jh. beginnt auch für das Englische die Moderne. Neue Vor- und Nachsilben entstehen jedoch bis heute. Mit dem Commonwealth verbreitet sich das Englische über alle Kontinente, von Amerika bis Australien, von Indien bis Südafrika. Im Jahr 1776 gab es weltweit circa 15 Millionen Menschen, die Englisch sprachen, darunter die Mehrheit in Großbritannien. Heute sprechen mehr als dreihundert Millionen Menschen Englisch als Muttersprache, die meisten von ihnen sind Amerikaner.

Auf amerikanischem Territorium

Zunächst nur von den Ureinwohnern besiedelt, begann die Kolonisierung Nordamerikas durch Europäer im 16. Jh. Die Geschichte der Vereinigten Staaten beginnt mit den europäischen Kolonien (französische, spanische, englische), die auf dem Gebiet der heutigen Vereinigten Staaten gegründet wurden. Im Jahr

1620 brachte das Schiff Mayflower 102 Puritaner von Southampton zu dem Gebiet, das dem heutigen Massachusetts entspricht. Das waren die **Pilgrim Fathers** die die erste Kolonie in Neuengland gründeten. Aus ihren Ländern wegen religiöser Gründe vertriebene Emigranten (Irland etc.) kamen dazu. Es entstanden 13 Kolonien, die später gegen die Herrschaft der britischen Krone rebellierten.

„Pilgerväter"

1775 begann mit der Schlacht von Bunker Hill der Unabhängigkeitskrieg. Die Unabhängigkeitserklärung stammt vom 4. Juli 1776; die Verfassung von 1787. Seitdem waren die Vereinigten Staaten ein unabhängiges Land, das sich allein weiterentwickelte. Die Entfernung zwischen London und Washington beträgt 5880 km. Weit weg von London – politisch wie geographisch –, entwickeln sich bei den Amerikanern, die die bei weitem größte Gruppe mit Englisch als Muttersprache ausmachen, einige linguistische Unterschiede zu den Briten. Das ist natürliche Evolution.

Englisch heute

In der Gegenwart dominieren die USA die Welt sowohl politisch wie auch kulturell. Die unwiderlegbare Ausstrahlung des Landes macht ein häufig kopiertes Vorbild aus Nordamerika – ob zu Recht oder Unrecht.

Heutzutage wird jeder junge Brite buchstäblich von der amerikanischen Kultur überrollt. Zu einem großen Teil schaut er Fernsehprogramme, die direkt aus den USA kommen. Daher hören junge Briten die amerikanische Sprache – und nehmen auf sie Bezug. Einen Begriff wie **elevator** der im Amerikanischen „Aufzug" bedeutet, kennen junge Engländer, weil sie das Wort zigfach in Filmen oder Fernsehserien gehört haben, oder auch in Liedtexten. Sie kennen das Wort und seine Bedeutung. Vielleicht benutzen sie es sogar um sich von den älteren abzusetzen, die sich nicht auf die gleichen kulturellen Referenzen beziehen. Falls Sie also in England in einem Kaufhaus fragen ***Where's the elevator?*** ist es durchaus wahrscheinlich, dass man ihnen zeigt, wo sich der Aufzug befindet. Umgekehrt gilt nicht dasselbe. Wenn Sie in einem großen Kaufhaus in den USA fragen **Where's the lift?** kann es gut

elevator *(Aufzug) heißt in England* **lift.**

sein, dass man Sie ratlos anstarrt und sich fragt, was Sie wohl sagen wollten!

Während sich die amerikanische Kultur weltweit verbreitet, kann man umgekehrt jedoch nicht davon sprechen, die amerikanische Öffentlichkeit sei empfänglich gegenüber fremden kulturellen Einflüssen. Während es

also fast unmöglich ist, einen jungen Engländer zu finden, der noch nie eine amerikanische Sendung oder einen amerikanischen Film gesehen hat, wird man kaum Probleme haben, in den USA Hunderten junger Leute zu begegnen, die noch nie auch nur irgendeinen britischen Film gesehen haben.

Die amerikanische Kultur verbreitet sich in sehr vielen Bereichen. Nicht nur im Kino und im Fernsehen, auch in der Musik, den neuen Medien, der Werbesprache... Ein junger Engländer wird permanent mit der amerikanischen Sprache konfrontiert, wenn er einen Film im Kino sieht, wenn er sich eine Reportage im Fernsehen anschaut, wenn er eine CD auf seinem Walkman hört, wenn er ein Videospiel spielt... Und im Gegensatz zu uns ist es für ihn ja keine Fremdsprache, es ist nur eine etwas andere Art seine eigene Sprache zu sprechen. Seine Aufnahmefähigkeit wird sich also von unserer unterscheiden. Und die Auswirkungen auf seine Art zu sprechen werden verschieden sein. Dieser junge Brite kann in der Schule ein typisch amerikanisches Wort verwenden, denn er wird von seinen Mitschülern verstanden, die denselben Film gesehen haben aus dem er das Wort hat; bei seinem Großvater jedoch wird er sicher auf einen „Standard"-Wortschatz zurückgreifen, da diese ältere Generation „nicht dieselben Werte hat".

Man kann also feststellen, dass Amerikanismen fortdauernd und in großem Umfang in die englische Sprache übernommen werden, zunächst vor allem von Jugendlichen, die weniger zurückhaltend als Erwachsene bei der Adaption neuer Begriffe oder Wendungen sind, zumal wenn sie den Zeitgeist ihrer Generation widerspiegeln.

Einige Wörter, die in Amerika entstanden, sind in den letzten Jahren in England stetig gebräuchlicher geworden. In englischen Wörterbüchern hatten die Wörter zunächst noch den Zusatz „amerikanischer Ausdruck" erhalten, doch nach einigen Jahren hatte der Sprachgebrauch diese Ausdrücke auch zum Bestandteil der britischen Sprachvariante gemacht. Genau das macht eine lebendige Sprache aus!

F595 XSF
507
SALE

KEEP RIGHT

Unterwegs

auf der Straße

	Britisch:	*Amerikanisch:*
Kreisverkehr	**roundabout**	***traffic circle***
Parkhaus	**car park**	***parking garage***
Parkplatz	**car park**	***parking lot***
Raststätte	**transport café**	***truck stop***
Hydrant	**fire hydrant**	***fire-plug***
Taxistand	**taxi rank**	***taxi stand****
Bürgersteig	**pavement**	***sidewalk***
Überführung	**flyover**	***overpass***
Innenstadt	**town centre**	***downtown***
Hauptstraße	**high street**	***main street***
Müllkippe	**tip**	***dump***
Kraftwerk	**power station**	***power plant***
Polizeiwache	**police station**	***station house***
Feuerwehr	**fire brigade**	***fire department***

in den USA gibt es keine festen Taxistände; „ein Taxi rufen" heißt* ***hail a cab* *oder* ***hail a taxi***.

Wohnblock	Campingplatz	
block of flats	**campsite**	*Britisch*
apartment building	***campground***	*Amerikanisch*
Autobahn	Tankstelle	
motorway	**petrol/filling station**	*Britisch*
expressway, freeway	***gas station***	*Amerikanisch*
Zebrastreifen	Stadtautobahn	
pedestrian crossing	**ring road**	*Britisch*
crosswalk	***beltway***	*Amerikanisch*
Vorfahrt lassen	wo auch immer	
to give way	**anywhere**	*Britisch*
to yield	***anyplace***	*Amerikanisch*

	irgendwo	gegen den Uhrzeigersinn
Britisch:	**somewhere**	**anticlockwise**
Amerikanisch:	***someplace***	***counterclockwise***

	Kehrtwendung
Britisch:	**about-turn**
Amerikanisch:	***about-face***

	Britisch:	*Amerikanisch:*
Auto, Wagen	**car**	***automobile, car***
Kombi	**estate car**	***station wagon***
Lastwagen	**lorry**	***truck***
Limousine	**saloon car**	***sedan***
Müllabfuhr	**dustcart**	***garbage truck***
Bus	**coach**	***bus***
Doppeldecker	**double-decker**	***two-level bus***
Wohnwagen	**caravan**	***trailer/wagon***

	Abschleppwagen	Gebrauchtwagen
Britisch:	**break-down lorry**	**second-hand car**
Amerikanisch:	***tow truck***	***used car***

	einen Wagen mieten	Schaufelraddampfer
Britisch:	**to hire a car**	**paddle steamer**
Amerikanisch:	***to rent a car***	***sidewheeler***

	Britisch:	*Amerikanisch:*
Antenne	**aerial**	***antenna***
Benzin	**petrol**	***gasoline, gas***
Gaspedal	**accelerator**	***gas pedal***
Kofferraum	**boot**	***trunk***
Kotflügel	**wing**	***fender***
Motorhaube	**bonnet**	***hood***
Ölwanne	**sump**	***oil pan***
Rücklicht	**rear light**	***taillight***

Blinker	Führerschein	
indicator	**driving licence**	*Britisch*
blinker, turn signal	***driver's license***	*Amerikanisch*
Kilometerzähler	Schaltung	
mileometer	**gear lever**	*Britisch*
odometer	***gear shift, shift stick***	*Amerikanisch*
Nummernschild	Schalldämpfer	
number plate	**silencer**	*Britisch*
license plate	***muffler***	*Amerikanisch*
Windschutzscheibe	Schraubenschlüssel	
windscreen	**(ring) spanner**	*Britisch*
windshield	***(boxend) wrench***	*Amerikanisch*

Kerosin
paraffin
kerosene

Flugzeug
aeroplane
airplane

© W. Schwieder

mit der Bahn

	Britisch:	*Amerikanisch:*
Weichen	**points**	***switches***
Einfache Fahrt	**single ticket**	***one-way ticket***
Hin/ und Rückfahrt	**return ticket**	***round-trip ticket***
Gepäck	**luggage**	***baggage***
Schaffner	**guard**	***conductor***
Eisenbahn	**railway**	***railroad***
Gepäckaufbewahrung	**left luggage office**	***baggage room, checkroom***
Gepäckwagen	**luggage van**	***baggage car***
Fahrplan	**timetable**	***schedule***
Lokomotivführer	**engine driver**	***engineer***
Bahnübergang	**level crossing**	***grade crossing, railroad crossing***
Güterzug	**goods train**	***freight train***
Waggon	**carriage, coach**	***car***
Güterwaggon	**truck, waggon**	***freight car***
Straßenbahn	**tram, tramcar**	***streetcar, trolley***
U-Bahn	**underground**	***subway***

© Guillaume Besnard, Fotolia.com

© Alexander Glagolev, Fotolia.com

Im Britischen ist **a subway = a path under a road**, also eine Unterführung. In Amerika ist **a subway = an underground railway**, also eine U-Bahn (New York). Im Britischen ist **the tube = the London Underground**, also die Londoner U-Bahn. Im Amerika ist **the tube = the television**, also das Fernsehen.

Haus & Haushalt

Im Britischen heißt es, wenn man etwas für sehr kurze Zeit mietet **to hire** (z. B. ein Auto) und vom Eigentümer zum Mieter bzw. Kunden **to hire out**. Wenn man etwas für einen längeren Zeitraum mietet **to rent** (z. B. eine Wohnung) und für den Eigentümer **to let out**.

Im Amerikanischen hingegen immer ***to rent*** und für den Eigentümer ***to rent out***.

Britisch:	*Amerikanisch:*	
lodger	***roomer***	*Mieter*
to burgle	***to burglarize***	*einbrechen*
lift	***elevator***	*Aufzug*
ground floor	***first floor***	*Erdgeschoss*
first floor	***second floor***	*erste Etage*
second floor	***third floor***	*zweite Etage*
flat	***apartment***	*Apartment*
garden	***yard***	*Garten*
market gardening	***truck farming***	*Gemüseanbau*
timber	***lumber***	*Bauholz*

	In Bad und Waschküche	
	Britisch:	*Amerikanisch:*
Wäscheschrank	**linen cupboard**	***closet***
Badewanne	**bath**	***bathtub***
baden	**to bath**	***to bathe***
Waschbecken	**washbasin**	***washbowl, sink***
Waschlappen	**flannel**	***washcloth***
Wäsche	**washing**	***wash***
Waschmaschine	**washing machine**	***washer***
Wäscheklammer	**clothes peg**	***clothespin***
Wasserhahn	**tap**	***faucet***
Abflussrohr	**drainpipe**	***drain, downspout***

	In der Küche	
	Britisch:	*Amerikanisch:*
Brotkasten	**bread bin**	***bread box***
Abfall	**rubbish**	***garbage, trash***
Ofen, Herd	**cooker**	***stove***
Grill	**grill**	***broiler***
grillen	**to grill**	***to broil***
Bratpfanne	**frying pan**	***skillet***
Mülleimer	**dust/rubbish bin**	***trash/garbage can***
Kühlschrank	**fridge**	***refrigerator***
Geschirrtuch	**tea towel**	***dish towel***

	In den anderen Räumen	
	Britisch:	*Amerikanisch:*
Schaukelstuhl	**rocking chair**	***rocker***
Liegestuhl	**deckchair**	***beachchair***
Gardinenblende	**pelmet**	***valance***
Lampe	**standard lamp**	***floor lamp***
Fußleiste	**skirting-board**	***baseboard***
Vorhänge	**curtains**	***drapes***
Jalousie	**blind**	***shade***
Oberlicht	**fanlight**	***transom***
Klappbett	**camp bed**	***cot***

Einkaufen

Kleidung		
Britisch:	*Amerikanisch:*	
anorak	***parka***	*Anorak*
press-stud, popper	***snap, fastener***	*Druckknopf*
braces	***suspenders***	*Hosenträger*
bowler (hat)	***derby***	*Melone*
nightdress, nightie	***nightgown***	*Nachthemd*
polo neck	***turtleneck***	*Rollkragen*
tights	***pantyhose***	*Strumpfhose*
windcheater	***windbreaker***	*Windjacke*
zip	***zipper***	*Reißverschluss*
waistcoat	***vest***	*Weste*
mackintosh, mac	***raincoat***	*Regenjacke*
vest	***undershirt***	*Unterhemd*
trousers	***pants****	*Hose*
hipsters	***hiphuggers***	*Hüfthose*
suspender belt	***garter belt***	*Strumpfhalter*
dressing gown	***bathrobe***	*Bademantel*
dinner jacket	***tuxedo***	*Smoking*
flip-flops	***thongs***	*Badelatschen*

* *Achtung!* **pants** *heißt in England „Unterhose"!*

Einkaufen

Einkaufszentrum	**shopping centre**	***shopping mall***
Geschäft, Laden	**shop**	***store***
Weinhandel	**off-licence**	***liquor store***
Zeitungsladen	**newsagent**	***newsdealer***
Kurzwarenhändler	**haberdasher**	***notions dealer***
Kurzwarenladen	**haberdasher's shop**	***notions store***
Einkaufswagen	**trolley**	***cart***
Werbetafel	**hoarding**	***billboard***
(Warte-)Schlange	**queue**	***line***
Schlange stehen	**to queue (up)**	***to wait in line***
Kurzwaren	**haberdashery**	***notions***
Schachtel Zigaretten	**packet of cigarettes**	***pack of cigarettes***
Brieftasche	**wallet**	***pocketbook, billfold***
Portmonnee	**purse**	***change purse***
Rucksack	**rucksack**	***backpack***
Handtasche	**handbag**	***purse***
Taschenlampe	**torch**	***flashlight***

Essen & Trinken

	Britisch:	*Amerikanisch:*
Aubergine	**aubergine**	***eggplant***
Rote Beete	**beetroot**	***beet***
Milchkanne	**churn**	***milk can***
Keks, Biskuit	**biscuit**	***cookie***
Konservendose	**tin**	***can***
Bonbons	**sweets**	***candy***
Chips	**crisps**	***chips***
Zucchini	**courgette**	***zucchini***
Maismehl	**cornflour**	***cornstarch***
Pommes frites	**chips**	***French fries***
Mais	**maize**	***sweet corn***
Sirup	**treacle**	**molasses**
Kern, Stein	**stone**	***pit***
Obstkern	**seeds**	***pips***
Karaffe	**jug**	***pitcher***
Braten	**joint**	***roast***
Salzstreuer	**saltcellar**	***salt shaker***
Spezialität	**speciality**	***specialty***

Biskuitrolle	Räucherhering	
Swiss roll	**kipper**	*Britisch*
jelly roll	***smoked herring***	*Amerikanisch*

Sorbet	Imbiss	
water ice, sorbet	**take-away**	*Britisch*
sherbet	***carryout, takeout***	*Amerikanisch*

vom Fass (Bier)	Rechnung (Restaurant)	
on draught	**bill**	*Britisch*
on draft/tap	***check***	*Amerikanisch*

Schönheit, Hygiene & Notfälle

	Britisch:	*Amerikanisch:*
Haarklammer	**hair slide**	***barrette***
Pony	**fringe**	***bangs***
Zopf	**pigtail(s)**	***braid(s)***
Koteletten	**sideboards**	***sideburns***
Haarklemme	**hairgrip**	***bobby pin***
Scheitel	**parting**	***part***
Zopf	**plait**	***braids***

	Britisch:	*Amerikanisch:*
abnehmen	**to slim**	***to slenderize***
kleiner Finger	**little finger**	***pinkie***
Naggellack	**nail varnish**	***nail polish***
Apotheke	**chemist's**	***drugstore***
Verband	**bandage**	***gauze***
Pflaster	**plaster**	***bandage, Band Aid***
medizinischer Alkohol	**surgical spirit**	***rubbing alcohol***
Methylalkohol	**methylated spirit(s)**	***denatured alcohol***
Praxis	**doctor's surgery**	***doctor's office***
Sprechstunde	**surgery hours**	***office hours***
Operationssaal	**operating theatre**	***operating room***
Assistenzarzt	**houseman**	***intern***
Tropf, Infusion	**drip**	***IV***
weitsichtig	**long-sighted**	***far-sighted***
plötzlicher Kindstod	**cot death**	***crib death***
Sarg	**coffin**	***coffin, casket***
Krematorium	**crematorium**	***crematory***

	Waschsalon	Damenbinde
Britisch:	**launderette**	**sanitary towel**
Amerikanisch:	***laundromat***	***sanitary napkin***

Die verbreitesten Worte für „Toilette" im Britischen sind **loo** (familiär, umgangssprachlich weit verbreitet) und **lavatory**. Das Wort **toilet** wird auch benutzt, wenn auch nicht sehr häufig.

Bei öffentlichen Toiletten heißt „Herren" **Gents** und „Damen" **Ladies**, der vornehmste Ausdruck ist **Public conveniences** oder **WC**, das aber heutzutage nicht mehr sehr gebräuchlich ist.

Im Amerikanischen verwendet man ***bathroom, restroom*** und ***washroom***. Auf öffentlichen Toiletten steht an der Tür für Herren ***men*** oder ***mens' room*** und an der Tür für Damen ***women*** oder ***ladies' room***.

© W. Schwieder

Post & Telefon

	Britisch:	*Amerikanisch:*
Briefkasten	**postbox**	***mailbox***
Postleitzahl	**postcode**	***zip code***
Paket	**parcel**	***package***
Post	**post**	***mail***
Briefträger	**postman**	***mailman***
postlagernd	**poste restante**	***general delivery***
schicken	**to post**	***to mail***
R-Gespräch	**reversed charge call**	***collect call***
R-Gespräch führen	**to reverse the charges**	***to call collect***
Vorwahl	**dialling code, prefix**	***area code***
besetzt	**engaged**	***busy***
Wählton	**dialling tone**	***dial tone***
Telefonzelle	**telephone box**	***telephone booth***

nicht im Telefonbuch stehen

Britisch: **to be ex-directory**

Amerikanisch: ***to be unlisted***

gebührenfreieTelefonnummer

Britisch: **free phone / freefone number**

Amerikanisch: ***toll-free number***

Erziehung, Schule & Beruf

Britisch:	*Amerikanisch:*	
nappy	***diaper***	*Windel*
milk tooth	***baby tooth***	*Milchzahn*
to bring up	***to raise***	*aufziehen*
cot	***crib***	*Kinderbett*
Father Christmas	***Santa Claus***	*Weihnachtsmann*
carrycot	***portacrib***	*Babytrage*
pushchair	***stroller***	*Buggy*
antenatal	***prenatal***	*vor der Geburt*
teat	***nipple***	*Brustwarze*
dummy	***pacifier***	*Schnuller*
pram	***baby carriage/buggy***	*Kinderwagen*
catapult	***slingshot***	*Steinschleuder*
crèche	***day-care center***	*Kinderkrippe*
secondary school	***junior high school***	*Realschule*
secondary school	***(senior) high school***	*Gymnasium*
public school	***prep school***	*Privatschule*
state school	***public school***	*staatliche Schule*
nursery school	***kindergarten***	*Kindergarten*
primary school / elementary school	***grade school***	*Grundschule*

Britisch:	*Amerikanisch:*	
form	***grade***	*Klasse*
first form, *year 7*	***sixth grade***	*6. Klasse*
second form, year 8	***seventh grade***	*7. Klasse*
third form, year 9	***eighth grade***	*8. Klasse*
fourth form, year 10	***ninth grade***	*9. Klasse*
fifth form, year 11	***tenth grade***	*10. Klasse*
lower sixth form, year 12	***eleventh grade***	*11. Klasse*
upper sixth form, year 13	***twelfth grade***	*12. Klasse*

Das britische System verändert sich gerade. Die Klasse, die früher **first form** hieß, heißt nun **year 7**, und so weiter, wie in der Übersicht. Da die Schularten und Bildungswege in beiden Ländern verschieden sind, gibt es keine genauen Entsprechungen. In den USA ist ein Student (in der ***high school*** ebenso wie an der Universität)...

... im 1. Jahr	***freshman***
... im 2. Jahr	***sophomore***
... im 3. Jahr	***junior***
... im letzten Jahr	***senior***

	die Schule schwänzen	Schwarzes Brett
Britisch:	**to play truant**	**notice board**
Amerikanisch:	***to play hooky***	***bulletin board***

	Dissertation	Ausrufezeichen
Britisch:	**doctoral thesis**	**exclamation mark**
Amerikanisch:	***doctoral dissertation***	***exclamation point***

	Britisch:	*Amerikanisch:*
Winkelmaß	**set square**	***triangle***
Radiergummi	**rubber**	***eraser***
Note	**mark**	***grade***
Punkt	**full stop**	***period***
Pause	**break**	***recess***
Tafel	**blackboard**	***chalkboard***

Britisch:	*Amerikanisch:*	
estate agent	***realtor, real estate agent***	*Immobilienmakler*
constable	***policeman/policewoman***	*Polizist*
barrister, solicitor	***attorney, lawyer***	*Rechtsanwalt*
barman	***bartender***	*Barkeeper*
shop walker	***floor walker***	*Laden-Aufsicht*
caretaker	***janitor, superintendent***	*Hausmeister*
prison governor	***prison warden***	*Gefängnisdirektor*
docker	***longshoreman, stevedore***	*Hafenarbeiter*
newsreader	***newscaster***	*Nachrichtensprecher*
public prosecutor	***district attorney***	*Staatsanwalt*
shorthand typist	***stenographer***	*Stenotypistin*
shop assistant	***salesclerk, sales person***	*Verkäufer*
undertaker	***mortician***	*Bestatter*

Straßenreiniger, Müllmann
dustman — *Britisch*
garbage collector, sanitation worker — *Amerikanisch*

Putzfrau
cleaning lady, daily help, charwoman — *Britisch*
cleaning lady/person, maid — *Amerikanisch*

Apotheker
chemist, pharmacist — *Britisch*
druggist — *Amerikanisch*

	eine Milliarde	Milliardär
Britisch:	**one thousand million**	**multimillionaire**
Amerikanisch:	***one billion***	***billionaire***

	Wehrpflicht
Britisch:	**conscription**
Amerikanisch:	***the draft***

Sport & Spiel

	Britisch:	*Amerikanisch:*
Leichtathletik	**athletics**	***track and field***
Sportschuhe	**plimsolls, sneakers**	***tennis shoes, trainers***
Segelboot	**sailing boat**	***sailboat***
Jagd	**shooting**	***hunting***
Fußball	**football**	***soccer***
Football	**American football**	***football***
Hockey	**hockey**	***field hockey***
Eishockey	**ice hockey**	***hockey***
Schlitten	**sledge**	***sled***
Schwimmflossen	**flipper**	***fin***
Liegestütz	**press-up**	***push-up***
Tischtennisschläger	**bat**	***paddle***
Wettkampf	**meeting**	***meet***
Weitsprung	**long jump**	***broad jump***
Sportplatz	**pitch**	***field***
Loch (Golf)	**hole**	***cup***
Spule (Angel)	**reel**	***spool***

	Kino	Film
Britisch:	**cinema**	**film**
Amerikanisch:	***movie theater, cinema***	***movie, film***

ins Kino gehen	Pause	
to go to the pictures	**interval**	*Britisch*
to go to the movies	***intermission***	*Amerikanisch*

Hundertjahrfeier	Zweihundertjahrfeier	
centenary	**bicentenary**	*Britisch*
centennial	***bicentennial***	*Amerikanisch*

draughtboard	***checkerboard***	*Dame/Schachbrett*
draughts	***checkers***	*Dame*
pack of cards	***deck of cards***	*Karten(spiel)*
noughts and crosses	***tick-tack-toe***	*Schiffe versenken*
flypast	***flyover***	*Flugparade*
big wheel	***big/ferris wheel***	*Riesenrad*
chat show	***talk show***	*Talkshow*
cloakroom	***checkroom***	*Garderobe*

Im Britischen ist **a slot machine = a vending machine**, also ein (Verkaufs)Automat (für Bonbons oder Getränkedosen). Im amerikanischen Englisch ist ***a slot machine = a one-armed bandit***, also ein Spielautomat, „ein einarmiger Bandit".

Musik

	Britisch:	*Amerikanisch:*
erste Geige	**leader**	***concertmaster***
ganze Note	**semi-breve**	***whole note***
halbe Note	**minim**	***half note***
Viertelnote	**crotchet**	***quarter note***
Achtelnote	**quaver**	***eighth note***
Sechzehntelnote	**semi quaver**	***sixteenth note***
32-stelnote	**demi-semi quaver**	***thirty-second note***
64-stelnote	**hemi-demi-semi quaver**	***sixty-fourth note***
(ganze) Pause	**semi-breve rest**	***whole rest***
halbe Pause	**minim rest**	***half rest***
Viertelpause	**crotchet rest**	***quarter rest***
Achtelpause	**quaver rest**	***eighth rest***
Sechzehntelpause	**semi-quaver rest**	***sixteenth rest***
32-stelpause	**demi-semi-quaver rest**	***thirty-second rest***
64-stelpause	**hemi-demi-semi-quaver rest**	***sixty-fourth rest***

Im Britischen ist **holiday** (Zeitraum, wo man nicht arbeitet, Wochenende etc.) gebräuchlich. Für längere Zeiträume benutzt man allerdings den Plural **holidays**. Im Amerikanischen heißt Ferien ***vacation***, ein Feiertag jedoch ***holiday***.

	Britisch:	*Amerikanisch:*
Urlauber	**holiday maker**	***vacationer***
im Urlaub	**on holiday**	***on vacation***

Staat & Wirtschaft

Britisch:	*Amerikanisch:*	
candidature	***candidacy***	*Kandidatur*
constituency	***district***	*Wahlbezirk*
ministry	***department***	*Ministerium*
minister	***secretary***	*Minister*
the Foreign Secretary	***Secretary of State***	*Außenminister*
Lord Chancellor	***Attorney General***	*Justizminister*
diplomatic bag	***diplomatic pouch***	*Diplomatenkoffer*

Außenministerium	Liste der Kriegsopfer	
the Foreign Office	**roll of honour**	*Britisch*
the State Department	***honor roll***	*Amerikanisch*

Britisch:	*Amerikanisch:*	
truncheon	***nightstick***	*Gummiknüppel*
diary	***datebook, calendar***	*Agenda, Kalender*
surname	***last name***	*Nachname*
loudhailer	***bullhorn***	*Megaphon*
identification parade	***line-up***	*Gegenüberstellung*

Aktionär	**shareholder**	***stockholder***
Gehaltserhöhung	**pay rise**	***pay raise***
Geldschein	**banknote**	***bill***
Buchhaltung	**accountancy**	***accounting***
Gewerkschaft	**trade union**	***labor union***
Histogramm	**bar chart**	***bar graph***

Buchprüfer
Britisch: **chartered accountant**
Amerikanisch: ***certified public accountant (CPA)***

Vorstand
Britisch: **Chairman and Managing Director**
Amerikanisch: ***Chairman and Executive Officer (CEO)***

	Girokonto	Ratenzahlung
Britisch:	**current account**	**hire purchase**
Amerikanisch:	***checking account***	***installment plan***

	Lebenslauf	Aktienfonds
Britisch:	**curriculum vitae**	**unit trust**
Amerikanisch:	***resume***	***mutual fund***

Tiere

	Britisch:	*Amerikanisch:*
Schäferhund	**Alsatian**	***German shepherd***
Jagdhund	**gundog**	***bird dog***
Marienkäfer	**ladybird**	***ladybug***
Schwein	**pig**	***hog***
Hahn	**cock**	***rooster***
Spinnennetz	**cobweb**	***spiderweb***

Sonstiges

Britisch:	*Amerikanisch:*	
angry with	***mad at***	*wütend über*
brilliant, brill	***great, awesome***	*sehr gut, toll*
autumn	***fall, autumn***	*Herbst*
choosy	***picky***	*anspruchsvoll*
gunge	***gunk***	*Schmiere*
drawing pin	***thumbtack***	*Reißzwecke*
a fortnight	***two weeks, fifteen days***	*zwei Wochen*
to revise	***to review***	*Text erneut prüfen*
lonely	***lonesome***	*einsam*
flick knife	***switchblade***	*Springmesser*

Um „anders als“ auszudrücken, kann man folgendes sagen: **This is a different dress from the one that you bought yesterday**. = Das ist ein anderes Kleid als du gestern gekauft hast.

Außer **different from**, das es in beiden Ländern gibt, findet man auch **different to** im Britischen und ***different than*** im Amerikanischen. Und **different to** welches heutzutage in Wörterbüchern steht und häufig benutzt wird, wurde vor zwei Jahrzehnten in den Schulen noch als Fehler korrigiert!

Im Britischen ist **presently** = **soon**, also bald. Im Amerikanischen ist ***presently*** = ***now***, also jetzt. Man kann jedoch feststellen, dass sich der amerikanische Wortgebrauch auch in England schnell ausbreitet. Man kann **presently** im britischen Englisch auch im Sinn von „jetzt”, „momentan” hören.

Rechtschreibung

Im zweiten Teil dieses Buches geht es um die Unterschiede in der Rechtschreibung. Man wird recht schnell feststellen, dass die Zahl der Wörter, die im britischen und im amerikanischen Englisch verschieden geschrieben werden, sehr groß ist. Die meisten wird man einfach lernen müssen. Einige bilden Gruppen; am bekanntesten ist das Beispiel **theatre** im Britischen und ***theater*** im Amerikanischen. Diese sind leichter zu behalten, und für die andere Worte derselben Kategorie kann man die Regel ebenfalls leicht übertragen und anwenden.

Andere sind schwieriger z. B. **instalment** schreibt sich mit einem „l" im Britischen, aber mit zwei „l" im Amerikanischen ***installment***, während **woollen** sich mit zwei „l" im Britischen schreibt, aber nur einem im Amerikanischen ***woolen***. Man muss es einfach stur lernen. Die Regel ist, dass die Betonung des Worts den Ausschlag gibt. Der Buchstabe „l" wird im Britischen immer verdoppelt, wenn ein Vokal folgt, egal ob die letzte Silbe des Worts betont wird oder nicht, während er im Amerikanischen nicht verdoppelt wird, wenn die letzte Silbe des Worts unbetont ist, z. B. ***traveler***.

Merken Sie sich auch, dass alle Worte dieser Rubrik gleich ausgesprochen werden, egal wie sie sich schreiben. Die Übersetzungen geben jeweils die gebräuchlichste Bedeutung an. In der Übersicht sind die am häufigsten anzutreffenden Worte verzeichnet. Es ist an Ihnen, die Liste zu ergänzen, wenn Sie weitere Worte in den verschiedenen Kategorien finden.

Denken Sie auch daran, dass die Anmerkungen aus dem Kapitel über den Wortschatz auch hier gelten. Manchmal kann ein Wort nur auf eine Art in einer der beiden Sprachvarianten geschrieben werden, aber auf zwei unterschiedliche Weisen in der anderen Variante. Erst, wenn Sie es benutzen, werden Sie wissen, ob Sie beide Möglichkeiten haben. Zum Beispiel bei **licence** gibt es nur beim Substantiv einen Unterschied zwischen britischem und amerikanischem Englisch ; **a licence** (Britisch) = ***a license*** (Amerikanisch). Das Verb ist in beiden Varianten gleich: **to license**.

Nicht alle möglichen Einträge der Wortfamilie **favour** wurden aufgenommen, um Wiederholungen zu vermeiden, aber die Regel gilt für alle. Hier sind nur **to favour**, **favourable** und **favourite** aufgeführt, aber Sie haben sicher verstanden, dass die Regel auch **a favour, favouritism, favoured, favourably** etc. betrifft: Alle schreiben sich im Amerikanischen nur mit „o" statt mit „ou" wie im Britischen. Dasselbe gilt für **neighbour, neighbourhood, neighbourly** sowie für **to enrol, enrolment** etc.

Bei **to ensure** / ***to insure*** muss man unterscheiden. Im Sinn von „sich einer Sache versichern" schreibt man **to ensure** im Britischen und ***to insure*** im Amerikanischen. Aber in der Bedeutung von „versichern", „eine Versicherung abschließen" schreibt man in beiden Fällen **to insure**.

Worte die **-wards** als Endung haben: Als Adverben erhalten sie im Britischen im allgemeinen ein „s", nicht jedoch im Amerikanischen. Dagegen haben sie als Adjektive nie ein „s" (z. B. ... **the downward movement of his body**). Dasselbe gilt für **eastwards, westwards, upwards, forwards** etc.

-our/or

	Britisch:	*Amerikanisch:*
Eifer	**ardour**	***ardor***
Rüstung	**armour**	***armor***
Verhalten	**demeanour**	***demeanor***
Benehmen	**behaviour**	***behavior***
Farbe	**colour**	***color***
Anstrengung	**endeavour**	***endeavor***
bevorzugen	**to favour**	***to favor***
günstig	**favourable**	***favorable***
Lieblings-	**favourite**	***favorite***
Freimütigkeit	**candour**	***candor***
Ehre	**honour**	***honor***
ehrenwert	**honourable**	***honorable***
Humor	**humour**	***humor***
geruchlos	**odourless**	***odorless***
Geruch, Duft	**odour**	***odor***
Geschmack	**flavour**	***flavor***
Sprechzimmer	**parlour**	***parlor***

Rechtschreibung

Hafen	**harbour**	***harbor***
Groll	**rancour**	***rancor***
Gerücht	**rumour**	***rumor***
Tumor	**tumour**	***tumor***
Retter	**saviour**	***savior***
genießen	**to savour**	***to savor***
Arbeit	**labour**	***labor***
Dampf	**vapour**	***vapor***
Nachbar	**neighbour**	***neighbor***

	Kosmetikinstitut	schlechtes Benehmen
Britisch:	**beauty parlour**	**misbehaviour**
Amerikanisch:	***beauty parlor***	***misbehavior***

-ce/-se

	Britisch:	*Amerikanisch:*
Genehmigung	**licence**	***license***
Verteidigung	**defence**	***defense***
Vergehen	**offence**	***offense***
Vorwand	**pretence**	***pretense***

-re/-er

	Britisch:	*Amerikanisch:*
Zentrum	**centre**	***center***
Fiber, Faser	**fibre**	***fiber***
Liter	**litre**	***liter***
Meter	**metre**	***meter***
Mitra	**mitre**	***miter***
Säbel	**sabre**	***saber***
dunkel	**sombre**	***somber***
Theater	**theatre**	***theater***

Achtung! „Brief" schreibt sich **a letter** *sowohl im Britischen wie im Amerikanischen.*

-ogue/-og

	Britisch:	*Amerikanisch:*
analog	**analogue**	***analog***
Katalog	**catalogue**	***catalog***
Demagoge	**demagogue**	***demagog***
Dialog	**dialogue**	***dialog***

-amme/-am

	Britisch:	*Amerikanisch:*
Programm	**programme**	***program***

„Telegramm" schreibt sich **telegram** *im Britischen, im Amerikanischen benutzt man* **wire**.

-ise/-ize

analysieren	sich entschuldigen	
to analyse	**to apologise/apologize**	*Britisch*
to analyze/analyse	***to apologize***	*Amerikanisch*

offiziell verkünden	beenden	
to formalise/formalize	**to finalise/finalize**	*Britisch*
to formalize	***to finalize***	*Amerikanisch*

Rechtschreibung

Es fällt auf, dass die Verben im Britischen in beiden Formen auftreten, sowie manchmal auch im Amerikanischen. Die Übersicht zeigt eher den Gebrauch „in der Mehrheit fast aller Fälle", nicht jedoch eine hundertprozentig gültige Rechtschreibregel.

normalisieren
to normalise/normalize
to normalize

organisieren
to organise/organize
to organize

betonen
to emphasise/emphasize
to emphasize

lähmen
to paralyse
to paralyze

sich spezialisieren
to specialise/specialize
to specialize

begreifen
to realise/realize
to realize

-ll-/-l-

	Britisch:	*Amerikanisch:*
storniert	**cancelled**	***canceled***
Juwelier	**jeweller**	***jeweler***
Schmuck	**jewellery**	***jewelry***
Etikettierung	**labelling**	***labeling***
wählend (Telefon)	**dialling**	***dialing***
gewählt	**dialled**	***dialed***
etikettiert	**labelled**	***labeled***
entkräftend	**gruelling**	***grueling***
Lebemann	**reveller**	***reveler***
aus Wolle	**woollen**	***woolen***
wunderbar	**marvellous**	***marvelous***
Täfelung	**panelling**	***paneling***
Abstinenzler	**teetotaller**	***teetotaler***
vielgereist	**travelled**	***traveled***
summiert	**totalled**	***totaled***
Beruhigungsmittel	**tranquillizer**	***tranquilizer***
Reisen	**travelling**	***traveling***
Reisender	**traveller**	***traveler***

-l-/-ll-

	Britisch:	Amerikanisch:
erfüllen	**to fulfil**	***to fulfill***
Erfüllung	**fulfilment**	***fulfillment***
Ratenzahlung	**instalment**	***installment***
destillieren	**to distil**	***to distill***
Einschreibung	**enrolment**	***enrollment***
starrsinnig,	**wilful**	***willful***
geschickt, geübt	**skilful**	***skillful***
bestürzen	**to appal**	***to appall***

-oul-/-ol-

	Britisch:	Amerikanisch:
schimmlig	**mouldy**	***moldy***
schimmeln	**to moulder**	***to molder***
Schimmel	**mould**	***mold***
verschimmelt	**moult**	***molt***
schwelen	**to smoulder**	***to smolder***

Schneepflug
snow plough
snowplough
snowplow
Reisescheck
traveller's cheque
traveler's check

Verschiedenes

	Britisch:	*Amerikanisch:*
Aluminium	**aluminium**	**aluminum**
Anästhesist	**anaesthetist**	***anesthetist***
Anästhesie	**anaesthesia**	***anesthesia***
Narkose	**anaesthetic**	***anesthetic***
Nebengebäude	**annexe**	***annex***
Archäologie	**archaeology**	***archeology***
s. vergewissern	**to ensure**	***to insure***
Bordstein	**kerb**	***curb***
Messgerät	**gauge**	***gage***
Vergaser	**carburettor**	***carburetor***
Pflug	**plough**	***plow***
Scheck	**cheque**	***check***
Berater	**adviser**	***advisor***
Luftzug	**draught**	***draft***
Zeichner	**draughtsman**	***draftsman***
Durchfall	**diarrhoea**	***diarrhea***
Scheibe	**disc**	***disk***
gemütlich	**cosy**	***cozy***
rückwärts	**backwards**	***backward***
danach	**afterwards**	***afterward***
Ästhetik	**aesthetic**	***esthetic***
Ästhet	**aesthete**	***esthete***
Stockwerk	**storey**	***story***
Schraubstock	**vice**	***vise***
Flötist	**flautist**	***flutist***
grau	**grey**	***gray***
Axt	**axe**	***ax***
obliegen	**to behove**	***to behoove***
pflügen	**to plough**	***to plow***
Mama	**mum, mummy**	***mom, mommy***
Manöver	**manœuvre**	***maneuver***

	Britisch:	*Amerikanisch:*
Schnurrbart	**moustache**	***mustache***
Speiseröhre	**oesophagus**	***esophagus***
Kinderarzt	**paediatrician**	***pediatrician***
schwenken	**to slew**	***to slue***
Reifen	**tyre**	***tire***
Erfahrung	**practice**	**practise**
ausüben	**to practise**	***to practice***
Schlafanzug	**pyjamas**	***pajamas***
Skeptiker	**sceptic**	***skeptic***
skeptisch	**sceptical**	***skeptical***
Skepsis	**scepticism**	***skepticism***
Schwefel	**sulphur**	***sulfur***
Spezialität	**speciality**	***specialty***
Sulfat	**sulphate**	***sulfate***
Sulfid	**sulphide**	***sulfide***

Das Verb **to enquire** *(sich erkundigen, nachforschen) kann auch* **to inquire** *geschrieben werden. Beide Schreibweisen werden in beiden Sprachvarianten gebraucht.* (**to enquire** *sieht man jedoch häufiger im Britischen als im Amerikanischen.*)

Aussprache

In diesem Kapitel geht es weder um Akzente noch um die Phonetik oder die Betonung. Wir führen hier nur Wörter auf, die in den beiden Sprachvarianten offiziell unterschiedlich – manchmal sogar sehr unterschiedlich – ausgesprochen werden.

Es gibt nur wenige, doch einige von ihnen sind sehr verbreitet und werden häufig benutzt. Sehr deutlich ist der Unterschied etwa bei der amerikanischen und der britischen Aussprache von **a.** Zur Vereinfachung ist die hier verwendete Lautschrift eine einfach anhand des deutschen Alphabets zu lesende phonetische Transkription (bis auf das englische „th“ = ð).

	Britisch:	*Amerikanisch:*
new	**nju**	***nu***
I knew	**ei nju**	***ei nu***
New York	**nju joh(r)k**	***nu jork***
a suit	**ö sjuht**	***ö suht***
to sue	**tuh sjuh**	***tuh suh***
to assume	**tuh ößjuhm**	***tuh ößuhm***
to produce	**tuh prödjuhß**	***tuh pröduhß***
either	**eiðö(r)**	***ieðer***
neither	**neiðö(r)**	***nieðör***
France	**frahnß**	***fränß***
a stance	**ö ßtanß**	***ö ßtänß***
to enhance	**tuh inhahnß**	***tuh inhänß***
chance	**tschahnß**	***tschänß***
to dance	**tuh dahnß**	***tuh dänß***
can't	**kahnt**	***känt***
clerk	**klah(r)k**	***klörk***
schedule	**schädjul**	***ßkädjul***
privacy	**privößie**	***preivößie***
z	**säd**	***sie***
tomato	**tomahto**	***tomäjto***

Bei Wörtern, die auf den Buchstaben „r" enden, wird dieses **(r)** im Britischen nur gesprochen, wenn das folgende Wort mit einem Vokal beginnt (z. B. **letter ink – lättö(r) ink**), jedoch nicht, wenn das folgende Wort mit einem Konsonant beginnt (z. B. **amateur singing – ahmahtöh ßinging**). Im Amerikanischen dagegen wird das „r" immer gesprochen (z.B. ***to work - tuh wörk***), im Gegensatz zum Britischen **tuh wöhk**.

Manche Worte werden unterschiedlich betont, z. B. **aluminium** (Britisch) und ***aluminum*** (Amerikanisch).

Beachten Sie, dass **tomato** unterschiedlich im Britischen **tomahto** und im Amerikanischen ***tomäjto*** ausgesprochen wird, das Wort **potato** aber in beiden Englisch-Varianten gleich **potäjto** gesprochen wird.

Grammatik

Zum Teil – zumal in einer so entspannten Kultur wie der der Amerikaner –, wird dasselbe auf verschiedene Weise in den USA und in Großbritannien gesagt. Manches davon ist recht bekannt (z. B. ***I have gotten*** im Amerikanischen, aber **I have got** im Britischen). Die Unterschiede sind recht zahlreich und ermöglichen es Ihnen herauszufinden, woher Ihr Gesprächspartner stammt.

haben

Vorsicht bei der übersetzung des Verbs „haben". Wo ein Brite sagen würde **Have you got?**, benutzt ein Amerikaner eher ***Do you have?***. Beachten Sie aber, dass die amerikanische Variante zunehmend auch von Briten benutzt wird.

Britisch:	**Have you got a car?**	**He hasn't got any.**
Amerikanisch:	***Do you have a car?***	***He doesn't have any.***

Konjunktionen

Im Britischen kann **immediately** wie eine Konjunktion benutzt werden. Das geht im Amerikanischen nicht. Diese Regel gilt ebenso für **directly**:

Britisch: **Immediately he finishes his homework, he will telephone his girlfriend.**
Britisch: **Directly I heard the door, I hung up the phone.**

seit

„seit" kann im Amerikanischen ***in*** statt **for** heißen (das Beste, was ich seit Wochen gesehen habe):

Britisch: **the best I've seen for weeks**
Amerikanisch: ***the best I've seen in weeks***

hinter

Übersetzung des Worts „hinter": in beiden Sprachvarianten gibt es **behind**, darüber hinaus findet man im Amerikanischen auch häufig ***in back of***.

I think there's someone behind me. *Britisch*
I think there's someone in back of me. *Amerikanisch*
(= Ich glaube, da ist jemand hinter mir.)

to get (werden)

Das bekannteste Beispiel für den Unterschied zwischen amerikanischem und britischem Englisch.

to get, I got, I have got *Britisch*
z. B. **he has got much better at tennis.**

to get, I got, I have gotten. *Amerikanisch*
z. B. ***he has gotten much better at tennis.***

I guess

Umgangssprachlich beginnen Amerikaner Sätze oft mit ***I guess*** im Sinne von „ich vermute, ich halte es für wahrscheinlich". Ein Brite dagegen sagt: **I suppose** oder **I gather**.

Britisch: **I suppose /I gather she won't find the time to come.**
Amerikanisch: ***I guess he won't come in if he sees you.***

like

Dieses Wort mit verschiedenen grammatikalischen Funktionen wird häufiger von Amerikanern als von Engländern benutzt, im Sinne von „wie, als ob" mit anschließender Behauptung. Während im Britischen **as** korrekt ist, ebenso **as if**, benutzen die Amerikaner einfach ***like***:

Britisch: **As I said.**
She felt as though she was burning up.
He acts as if he was the boss.

Amerikanisch: ***Like I said.***
She felt like she was burning up.
He acts like he's the boss.

Dabei sind alle amerikanischen Sätze eher umgangssprachlich gefärbt.

man

One should always be polite with one's parents. *Britisch*
You should always be polite with your parents. *Amerikanisch*

Das Amerikanische benützt also die direkte Anrede.

Präpositionen

Britisch:	*Amerikanisch:*	
to fill in a form	***to fill out a form***	*Formular ausfüllen*
in the street	***on the street***	*auf der Straße*
in a team	***on a team***	*in einer Mannschaft*
at the week-end	***on the week-end***	*am am Wochenende*
it's twenty past ten	***it's twenty after ten***	*es ist 20 nach 10*
on the cards	***in the cards***	*wahrscheinlich*
different to*	***different than****	*anders als*

** Außerdem findet man* **different from** *in beiden Sprachvarianten.*

from Monday to Thursday
Monday through Thursday
Montag bis Donnerstag

Grammatik

Perfekt

In der englischen Grammatik lernt man die Regel, dass man das Perfekt (present perfect) in Zusammenhang mit **just** und **already** benutzen muss, doch viele Amerikaner halten sich nicht daran! Im Amerikanischen können Sie durchaus die Vergangenheit mit **just** oder **already** benutzen, ohne dass man Sie korrigiert.

Britisch: **I have (I've) just done it.**
He has (He's) already told his father.
Amerikanisch: ***I just did it.***
He already told his father.

quite

Es kann „ganz" heißen (**I'm afraid he's not quite ready**), aber auch einschränkend „ganz schön" im Sinne von „recht" (**Your house is quite small**). Im Amerikanischen wird ***quite*** häufiger im Sinne von „sehr" gebraucht, während im Britischen eher die einschränkende Bedeutung „recht" verbreitet ist. Achten Sie darauf, wenn Sie ein Kompliment machen wollen!

Britisch: **I think your dress is quite nice (= fairly nice).**
(Ich finde dein Kleid ganz schön.)
Amerikanisch: ***I think your dress is quite nice (= very nice).***
(Ich finde dein Kleid sehr schön.)

round/around

Das ist ein schwieriger Fall, da der Gebrauch stark von der Person, die spricht, abhängt. Das Wort kann als Adverb wie auch als Präposition fungieren. Im Allgemeinen benutzen die Briten **round**, wenn die Amerikaner ***around*** sagen.

Aber es gibt auch Beispiele, wo nur eins der beiden geht. Die Leute, die beide benutzen, unterscheiden zwischen der Beschreibung einer Kreisbewegung (**My father decided to turn round**) und der Beschreibung eines allgemeinen Orts (***His brother surely lives somewhere around here***).

The earth goes round the sun.	*Britisch*
The earth goes around the sun.	*Amerikanisch*

Konjunktiv

Die Regel ist nicht sehr streng. Ganz allgemein könnte man sagen: Um einen Konjunktiv zu übersetzen, benutzt man im britischen Englisch die Form „**should** + Infinitiv ohne **to**", während das Amerikanische das **should** weglässt. Im Beispiel in der dritten Person wird das Verb **to be** in der konjunktivischen Form gebraucht.

It is important that she should be here for breakfast.	*Britisch*
It is important that she be here for breakfast.	*Amerikanisch*

Grammatik

Verzicht auf Präposition

Britisch: **to write to somebody**
Amerikanisch: ***to write somebody***

Britisch: **I looked out of the window**
Amerikanisch: ***I looked out the window***

Britisch: **I'll see you on Saturday**
Amerikanisch: ***I'll see you Saturday***

Britisch: **to be at home, to stay at home**
Amerikanisch: ***to be (at) home, to stay (at) home***

Aber Achtung, in beiden Sprachvarianten heißt es **to go home** (ohne Präposition).

Unregelmäßige Verben

Einige unregelmäßige Verben des Britischen sind im Amerikanischen regelmäßig und vice versa. Hier die häufigsten:

to learn	**I learnt, I have learnt**	*Britisch*
	I learned, I have learned	*Amerikanisch*
to burn	**it burnt, it has burnt**	*Britisch*
	it burned, it has burned	*Amerikanisch*
to dream	**he dreamt, he has dreamt**	*Britisch*
	he dreamed, he has dreamed	*Amerikanisch*
to smell	**he smelt , he has smelt**	*Britisch*
	he smelled, he has smelled	*Amerikanisch*
to spell	**he spelt, he has spelt**	*Britisch*
	he spelled, he has spelled	*Amerikanisch*
to spill	**he spilt, he has spilt**	*Britisch*
	he spilled, he has spilled	*Amerikanisch*
to kneel	**he knelt, he has knelt**	*Britisch*
	he kneeled, he has kneeled	*Amerikanisch*
to dive	**he dived, he has dived**	*Britisch*
	he dove, he has dived	*Amerikanisch*
to prove	**he proved, he has proved**	*Britisch*
	he proved, he has proven	*Amerikanisch*

Um genau zu sein, ist es auch möglich, die unregelmäßige Form im Amerikanischen zu benutzen und die regelmäßige Form im Britischen, man wird verstanden. Aber es ist besser, sich an die hier aufgeführten Beispiele zu halten, umso mehr, als sie die Mehrheit dessen ausmachen, was man hören wird.

Null

Im Britischen kann die Ziffer „0" auf unterschiedliche Art und Weise ausgesprochen werden, je nach Situation. In einer Telefonnummer zum Beispiel sagt man **o** (wie der Buchstabe); in der Mathematik dagegen **nought;** im Fußball sagt man **nil (Bradford two, Liverpool nil).** In all diesen Fällen heißt es im Amerikanischen immer ***zero.*** Aber im Tennis heißt es sowohl in England als auch den USA **love** (vierzig-null = **forty-love**).

0.35

Britisch: **nought point three five**

Amerikanisch: ***zero point thirty five***

Tel: 203599

Britisch: **My phone number is two o three five double nine**.

Amerikanisch: ***My phone number is two zero three five nine nine.***

Sonstiges

to meet with *gibt es im Britischen im Sinn von* **to experience by chance, especially something unpleasant.**

etwas prüfen
to check something
to check something out

ein Bad nehmen
to have a bath
to take a bath

etwas wieder tun
to do something again
to do something over

treffen
to meet
to meet with

einen Deal machen, einen Handel schließen

to do a deal	*Britisch*
to make a deal	*Amerikanisch*

prognostizieren, vermuten

to make a guess	*Britisch*
to take a guess	*Amerikanisch*

half a mile	**it's really good**	*Britisch*
a half mile	***it's real good***	*Amerikanisch*

Dieses letzte Beispiel, das Sie tausendfach hören werden, ist der unkorrekte Gebrauch eines Adjektivs als Adverb.

Datum

Wenn Sie auf einem Dokument das Datum: 03.02.03 finden, wissen Sie dann, um welches Datum es sich handelt? Um den 2. März oder um den 3. Februar? Das hängt davon ab, welche Sprachvariante benutzt wurde. Um das Datum herauszufinden, muss man daher schauen, woher das Dokument stammt. Im Amerikanischen wird der Monat vor dem Tag genannt, im Britischen ist es dagegen genau umgekehrt. In Washington heißt **03/02/03** „2. März 2003", in Liverpool dagegen bedeutet **03/02/03** wie in Deutschland „3. Februar 2003".

Beispiel: 6. Februar 2000

Britisch:	**6.2.00**
Amerikanisch:	**2.6.00**

Höflichkeitsfloskeln

Als Höflichkeitsformel am Ende eines Briefes findet man folgende Wendungen:

Britisch: **Yours sincerely**
Amerikanisch: **Sincerely yours**

Nur Amerikanisch

accomodations (Pl.)	Unterkunft
the Administration	Regierung
blah	stinklangweilig
the blahs	Trübsinn
a block	hausgemachte Pastete
bribe, payola	Schmiergeld
commuter ticket	Zeitnetzkarte
to cop a plea	schuldig bekennen
cranky	verrückt, griesgrämig
to downplay	herunterspielen
downtown	Innenstadt
eggs sunny side up	Spiegeleier
to faze	verdattern
greenback	Ein-Dollar-Schein
highball	Whisky-Soda
preppy	Yuppie
motorcade	Fahrzeugkolonne
swell	fein, nobel
to talk turkey	Klartext reden
uptown	im Villenviertel

green card
Aufenthaltsgenehmigung

patrolman, police officer
Polizist

Nur Britisch

a fortnight	vierzehn Tage
the Home office	Innenministerium
the Home Secretary	Innenminister
the Lord Chancellor	Justizminister
the Shadow Cabinet	Opposition
borstal	Erziehungsanstalt

the Chancellor of the Exchequer
Finanzminister

Maßeinheiten

Gewicht:	**1 ton = 1,016 tonnes**	*Britisch*
	1 ton = 0,9072 tonnes	*Amerikanisch*
Inhalt:	**1 gallon = 4,54 Liter**	*Britisch*
	1 gallon = 3,78 Liter	*Amerikanisch*

Literaturhinweise

Es gibt zahllose Werke, die sich mit dem Englischen beschäftigen: Grammatiken, Sprachlehren, Wortschatzisten, Wörterbücher, Übersetzungshilfen... Es ist nicht möglich, hier alle aufzuführen. Die hier genannten Werke sind die, die der Autor für die Realisierung dieses Buchs benutzt hat. Zögern Sie nicht, darin nachzuschlagen, wenn Sie sich weiter mit dem Thema beschäftigen wollen.

Wörterbücher

— **Merriam Webster's Collegiate Dictionary** (Merriam-Webster-Inc, 1997)
— **Longman Dictionary of Contemporary English** (Longman Group Ltd, 1995)
— **Oxford Advanced Learner's Dictionary** (Oxford University Press, 1995)
— **English Pronouncing Dictionary** (Cambridge University Press, 1996)

Grammatiken

— **English Grammar in Use,** zweite Auflage (Cambridge University Press, 1994)
— **Collins Cobuild English Grammar** (Collins, 1990)

Sprachgeschichte

– **History of the English Language**, Albert C. Baugh & Thomas Cable (1996)
– **Oxford English, A Guide to the Language** (Oxford University Press, 1986). Siehe das Kapitel „The story of the English language" von Dr. Robert Burchfield.
– **English in Use**, Randolph Quirk & Gabrielle Stein (1990). Siehe vor allem, in Kapitel 6 mit dem Titel „Our ever-changing language", die zwei Beiträge: „The impact of youth" und „The influence of America".

Wortschatz

– **American English – English English**, (Abson Books, Abson, Wick, Bristol, England). Das Mini-Wörterbuch verzeichnet amerikanische und britische Ausdrücke; mit Vorsicht zu genießen, da viele Beispiele nicht anwendbar sind.
– **British/American Language Dictionary**, Norman Moss (Passport Books, 1991).

ReiseWortSchatz

– **ReiseWortSchatz Englisch** (Christine Drewes), Reise Know-How Verlag Peter Rump GmbH, Bielefeld, 1999.
– **ReiseWortSchatz Amerikanisch** (Christine Drewes), Reise Know-How Verlag Peter Rump GmbH, Bielefeld, 2000.

Wortregister

© W. Schwieder

Hier finden Sie alle britischen und amerikanischen Einträge dieses Buches alphabetisch geordnet. Dahinter steht die Seitenzahl, auf der das Wort zu finden ist.

A

B

Wortregister

D

Wortregister

CIGARS
Best Quali
Hand
Portr
Family Portra
LONDON SIGHTSEEING

Kauderwelsch

Veronica Sierra-Naughton

British Slang

das andere Englisch

© H. G. Semsek

British Slang

Einführung

Im Gespräch

A-Z Anhang

Vorwort

So wie der „American-Slang"-Band der Kauderwelsch-Reihe in den amerikanischen Slang einführt, so soll dieser Band einen kleinen Überblick über die britische Umgangssprache geben.

Er richtet sich an England-Reisende, die über ein Minimum an englischen Sprachkenntnissen verfügen aber nicht regelmäßig Kontakt mit dem britischen Alltag haben oder die sich nicht so lange in Großbritannien aufgehalten haben, dass sie in den „Code" des Umgangsenglisch eingeweiht sind. Wenn man sich nämlich als harmloser Reisender (oder als Neuzugereister) auf englischen Boden begibt, merkt man schnell, dass es eine Vielzahl von Situationen gibt, in denen man mit dem mühsam erlernten Schulenglisch nicht mehr folgen kann: Wenn man Gesprächen im **chippy** (da gibt's **Fish & Chips**) oder im Pub an der Ecke lauscht, sich mit einem erregten Unfallgegner oder Fußballclubanhänger auseinandersetzen muss, wenn man ein Exemplar der Zeitschrift **VIZ** in die Hände bekommt oder auch einem Live-Interview am Fernseher oder Radio folgen will. Es geht hier also um das gesprochene Alltagsenglisch in Großbritannien.

Hinweise zur Benutzung

Diese Wort- und Phrasensammlung könnte man grob in zwei Teile gliedern: Es geht los mit typisch britischen Ausdrücken, die Ihnen in bestimmten Situationen begegnen werden, z. B. im Kaufhaus, im Fernsehen etc. Im zweiten Teil geht es dann um die echte Umgangssprache, ebenfalls grob nach Situationen sortiert. Überschneidungen ließen sich nicht immer vermeiden.

Wissenschaftlich gesehen ist Slang eine „Low-Level-Sprache", die ausschließlich von den unteren sozialen Schichten gesprochen wird, da diesen die „Hochsprache" nicht geläufig ist. Ich verstehe Slang anders, nämlich als die Sprache, die von den Leuten im täglichen Leben gesprochen wird, wenn man nicht auf Etikette achten muss. Da wimmelt es von Spezialausdrücken und „unfeinen" Wörtern. Gerade bei letzteren ist es nötig, genau zu differenzieren. Auch bei uns kann ja z. B. das Wort „Scheißkerl" je nach Situation und angesprochener Person durchaus freundlich oder höchst beleidigend sein. Auch werden sich zwei Männer an der Theke anderer Ausdrücke für Frauen bedienen, als wenn eine Vertreterin des anderen Geschlechts zuhört.

Solange man in einer Gemeinschaft diese Sprache versteht, hat sie auch ihre Berechtigung. Hat man erst einmal die Grundregeln verstanden und sich in die Sprache eingehört, fällt es auch nicht mehr so schwer, sein Gegenüber zu verstehen. So wird das ohnehin schon verkürzte **isn't it** zu **in'it** oder **doesn't it** zu **don'it.**

Jetzt kommt ein schwieriger Punkt ins Spiel: Die Aussprache. Diese ist von Region zu Region sehr verschieden. Im Norden könnte Sie in einem Pub jemand fragen: **nuther pint, luv (another pint, love),** in Schottland könnte Ihnen jemand etwas von seinem „küker" erzählen und seinen **cooker** *(*Herd*)* meinen.

Ich habe stets versucht, die deutsche Übersetzung der Ausdrücke auf dem gleichen Sprachlevel zu halten. Trotzdem ist bei der Anwendung Vorsicht geboten. Abwertende Ausdrücke und Beleidigungen sind ohnehin nicht zum Gebrauch, sondern lediglich zum Verstehen aufgeführt. Hierzu auch ein Zitat aus „Das Wörterbuch" von den Gebrüdern Grimm: „Ein Wörterbuch ist nicht dazu da, die Wörter zu verbergen, sondern um sie hervorzubringen."

Im Anhang dieses Buches sind alle Ausdrücke, die vorkommen, noch einmal stichwortartig und alphabetisch geordnet aufgelistet. Die Seitenzahl dahinter gibt an, wo das Wort erwähnt wird und demnach auch die Übersetzung steht. Hört man z. B. den Ausdruck **I'm on cloud nine.**, findet man unter **cloud** die entsprechende Seite.

Auch im offiziellen Rahmen werden Verkürzungen benutzt. So nennen sich zum Beispiel Fast-Food Ketten, die gebackene Kartoffeln verkaufen **spuds u like** *(das* **you** *wird zum einfachen* **u,** *denn nur die Aussprache zählt). In Schottland hieße der gleiche Laden* **Tatties u like.**

Völlig vulgäre Ausdrücke sind durch ein „Bömbchen" (💣) gekennzeichnet.

In the pea soup

Das Wetter

In England ist dieses bekannterweise meistens schlecht, daher sind die Ausdrücke für schönes Wetter auch stark unterrepräsentiert.

Messing-Affen-Wetter
brass monkey weather
eiskalt

kalt genug, um die Eier eines Messingaffen einzufrieren
cold enough to freeze the balls off a brass monkey
scheißkalt

it's parky
sehr kaltes Wetter

to feel a nip in the air
kühles Wetter

it's raining cats and dogs
es gießt Bindfäden

it's pissing (it) down
es pisst

it's pelting down
es schifft *(prasselt)*

it's chucking (it) down
es schüttet *(schmeißend)*

it's coming down in buckets
es regnet wie aus Eimern

to be soaking wet through
durch und durch nass sein

to be pissed wet through
durch und durch nass sein

to be wet through
klatschnass sein
to be drenched to the skin
bis auf die Haut nass sein
it's a scorcher
knüppelheißer Tag

red sky at night, shepherds delight
roter Sonnenuntergang
verspricht schönes Wetter

red sky in the morning, shepherds warning
roter Sonnenaufgang
verspricht schlechtes Wetter

brolly (umbrella)	Schirm
wellies (wellingtons)	Gummistiefel
mac (macintosh)	Regenmantel
kagoul	Windjacke

Pay through the nose

Money, money, money

Wer „durch seine Nase zahlt“, ist selber schuld, würde der Brite sagen. Ich kann mich dem nur anschließen, ohne dass ich gleich als **stingy** gelten möchte.

lolly	Geld
the folding stuff	Scheine
the green stuff	die Blauen
a tenner	ein Zehner
a score	ein Zwanziger
a fiver	ein Fünfer
a quid	1 Pfund
coppers	1 und 2 Pences
a grand	1000 Pfund
bread, dough	Knete
dosh	Asche, Mäuse
brass	Moneten *(Messing)*

Geld hat man – oder nicht. Alles von Pleite bis Reichtum:

to be skint	pleite sein
to be broke	blank sein
to be out of cash	keinen müden Cent haben
to have no change	kein Kleingeld haben
to put money in a kitty	gemeinsam Geld für etwas zur Seite legen

to have loads/tons of money	eine Menge Geld haben
to be rolling in it	viel Geld haben
to be loaded	reich sein
to be stinking rich	stinkreich sein
to club together	zusammenschmeißen
to be filthy rich	mistreich sein
to have more money than sense	mehr Geld als Verstand haben
a gold-digger	geldgieriger Mensch
to be stingy/tight/ tight-fisted	geizig sein
cheapskate / tight-arse	geizig
to flog	verkaufen
to cash a cheque	Scheck einlösen
to bounce a cheque	Scheck platzen lassen
to pay cash-in-hand	sofort bar zahlen
to pay on the nail	prompt bar zahlen
to pay through the/your nose	zu viel bezahlen
to treat yourself	sich etwas gönnen
to splash out on something	etwas Teures, Unnötiges kaufen
a backhander	Schmiergeld

to run a tap
= in einem Pub die Kreditkarte hinterlegen, um nicht jede Rechnung einzeln zu zahlen

billig, kitschig

cheap	billig
naff, tacky	kitschig
nasty	kitschig, hässlich

Nosh & gobble

Rund ums Essen

Nun, England ist ja nicht gerade berühmt für seine Küche. Und auch in der Umgangssprache bin ich beim Thema Essen nicht besonders fündig geworden.

to grub = *graben*

to spud up = *(Kartoffeln) ausgraben*

to nosh / to grub	mampfen/futtern
to gobble, to scoff	hinunterschlingen
to eat like a horse	viel essen
to stuff yourself, to stuff your face	sich vollstopfen
to make a pig of yourself	sich mästen
gobbler	Vielfraß
veggie	Vegetarier
to be starving	halbverhungert sein
I could eat a horse.	Ich könnte ein Pferd essen.
yummy, scrumptious	lecker
grub	das Essen
gungy	klebriges Essen
a gobstopper	Riesenbonbon
spuds	Kartoffeln
veg	Gemüse
butty	Butterbrot
colli	Blumenkohl
chippy	Fish & Chips-Laden
bangers & mash	Wurst & Kartoffelbrei
take away	zum Mitnehmen
to be parched	Durst haben

a cuppa	eine Tasse Tee
to make a brew, to brew up	Tee kochen
pop	Limonade
corporation pop	Leitungswasser
squash	Fruchtsirup

Let your hair down

Durch Pubs und Nightclubs

In England ist das Mindestalter für **Pubs** 16, Alkohol darf jedoch nur an über 18jährige ausgegeben werden.

Inzwischen wurde die Sperrstunde deutlich gelockert, so dass besonders in Großstädten die Pubs bis 2 Uhr geöffnet haben können.

Die Öffnungszeiten von Pubs sind unterschiedlich, mit Sicherheit haben sie aber zwischen 18.00 und 23.00 Uhr auf. 10 Minuten bevor der Laden schließt, ruft der Wirt **Last orders please!** – was heißt, dass jetzt die letzten Runden bestellt werden müssen. Häufig wird auch nur eine Glocke geläutet.

Das Mindestalter für den Eintritt in Discos und Nightclubs ist normalerweise 18 Jahre. Clubs, die exklusiver sind, verlangen oft ein Mindestalter von 21 Jahren und mehr. Außerdem ist in vielen Nightclubs und Discos der besseren Klasse das Tragen einer Krawatte Vorschrift. Eine „Gesichtskontrolle" ist sowieso an der Tagesordnung.

Die ***happy hour*** *ist eine bestimmte Zeit, während der die Getränke billiger sind. Sie variiert von Pub zu Pub, manche haben sie auch gar nicht.*

bouncer	Türsteher
boozer	Kneipe
the local	Stammkneipe
pub crawling	Kneipentour
to boogie / bop	tanzen
to freak out	ausflippen
to hit the town	losziehen
to let yourself go, to let your hair down	die Sau raus lassen

Outfit

done up like a dog's dinner
sehr fein angezogen sein

to be tarted up
aufgedonnert (herausgeputzt) sein

to be dolled / done up
aufgemotzt sein

keks	Hosen
catsuit	Hosenanzug
boilersuit, jumpsuit	Overall/Blaumann
dungarees, dungies	Latzhosen
flairs	breite Hosen
bell bottoms	Hosen mit Schlag
drain pipes	Röhrenhosen

pleated trousers	Bundfaltenhosen
grundies/grunts/undies	Unterhosen
to have streaks	Strähnen
in your hair	im Haar haben
perm	Dauerwelle
to have a trim	Haarschnitt kriegen
blow dry	föhnen
bleached hair	gebleichtes Haar
to tint your hair	Haare leicht färben
to dye your hair	Haar färben
split ends	Spliss

Bier

Es reicht auf keinen Fall, einfach nur „ein Bier" zu bestellen, da ist der Brite genauer. Erst einmal muss die Menge geklärt werden:

a pint	1 Glas (in GB 0,56 l)
a half	1/2 pint (= 0,28 l)

bevvy	Bier / alkoholisches Getränk
ale	aus Hopfen und Malz, stärker als Lager
best	„das beste Bier" des Pubs
bitter	enthält viel Hopfen, stärker als Ale
lager	vergleichbar mit unserem „Export"
low alcohol	alkoholarmes Bier (Leichtbier)
stout	dunkles, starkes Bier (z.B. **Guinness**)
White Shield	wie Hefebier, mit Bodensatz, den man nicht trinkt

draught beer	Fassbier
bottled beer	Flaschenbier
canned beer	Dosenbier
tred house	brauereigebundener Pub
free house	unabhängiger Pub
a short measure	nicht vollgeschenktes Bier
gnat's piss 💣	Scheißbier (-marke)
brewery	Brauerei
to pull a pint	Bier zapfen

saufen

booze, liquor	Alkohol
a spirit	Spirituose
liqueur	Likör
bubbly	Sekt
a short, chaser	ein Hochprozentiger
G & T	Gin Tonic
a snakebite	Apfelsekt und Bier
lager and lime	Bier mit Limonensirup
shandy	Radler, Alster
plonk	billiger Wein

to drink it (down) in one
kippen (in einem Schluck austrinken)

to gulp
hinunterstürzen

to go out on the piss
einen 'drauf machen

This round is on me.
Ich schmeiß ‘ne Runde.

This round is on the house.
Ich schmeiß ‘ne Lokalrunde.

one for the road
einen auf den Weg

Cheers!	Prost!
Get that down your neck!	
Here's looking at you!	Auf dein Wohl!
Bottom's up!	Ex!
Sup up!	Runter damit!

weitersaufen

to be tipsy / fresh (N-England), **to be tiddly**
einen Schwips haben, angetüdelt sein

to be bollocksed
absturzbereit sein

to be one over the eighth
betrunken sein, einen zuviel gehabt haben

to have had a bucket full
betrunken sein

to be pissed / plastered / rat-arsed / pie-eyed
besoffen sein

to be pissed as a newt
besoffen wie ein Wassermolch

to be out of it
total besoffen sein

to be legless
(beinlos) breit sein

to be paralytic
(gelähmt)
sturzbreit sein

to be well gone
ziemlich angetrunken sein

piss-artist, pisshead
Saufkopf, Säufer

He couldn't organize a piss-up in a brewery.
Der ist so dumm, der könnte nicht einmal ein Besäufnis in einer Brauerei organisieren.

can't handle your drink
Alkohol nicht gut vertragen können

to be smashed *(zerschmettert)*
to be out of one's brains
to be out of one's head
to be out of one's mind
to be out of one's skull

total besoffen sein...

zu viel gesoffen

to have a hangover	Kater haben
to have the shits	Durchfall haben
I'm poorly.	Mir ist schlecht.
to be ill	krank sein
to be sick	erbrechen/krank sein

to feel under the weather / to feel off colour
sich krank fühlen

to look like death warmed up
schlecht aussehen

to feel/look rough
dreckig/fertig aussehen, sich fertig fühlen

to feel like shit
sich saudreckig fühlen

to look like something the cat brought in
miserabel aussehen, wie ausgekotzt aussehen

to be as white as a sheet
bleich wie ein Leintuch sein

kotzen:

to spew your guts up
to throw your guts up
to puke your guts up
to vomit
liquid laughter *(flüssiges Lachen)*
to chunder

Spliff & ciggy

Andere Drogen

cig / ciggy / tab	Zigarette
cancer stick	„Krebsstäbchen“
fag	Fluppe
roll up	Selbstgedrehte
skins	Zigarettenpapier
cig-end/butt-end	Kippe
baccy	Tabak
to light a cig, to spark up	sich eine anmachen
Crash us a tab.	Hast du ‘ne Zigarette?
to smoke like a chimney / trooper	qualmen wie ein Schlot

Spliff & ciggy

chain smoker	Kettenraucher
pot / gear / blow / weed / ganga / gange / block / dope / herbie / grass / hash	Haschisch, Marihuana
crack / rock / freebase	Crack
acid	LSD
coke	Kokain
smack	Heroin
E / ecstacy / XTC / eckies	Ecstasy
to fix	fixen
to be hooked	abhängig sein
to skin up	Joint bauen
to smoke a joint	Hasch rauchen
to shoot up coke, to snort coke	Kokain schnupfen
to chase the dragon	Heroin spritzen
to be on E's	auf Ecstasy sein
spliff, reefer	Joint
pusher	Dealer

high sein: **to be tripping your nuts off, to be high as a kite, out of it, spaced out, wiped out, bollocksed, gone, steaming, high, stoned, blitzed, blasted, doped-up, wasted, wrecked, to have the buzz feeling, to be off your face to be off/away with the pixies, to be on a trip**

junkie / druggie	Drogenabhängiger
smackhead	Fixer
spliffhead / pot-head	Kiffer

Flicks or goggle box ?

Kino & Fernsehen

Wenn Sie sich in der Zeitung einen Film aussuchen wollen, finden Sie daneben in Klammern Zahlen, die Ihnen sagen, ab welchem Alter der jeweilige Film geeignet ist. Meistens sind das: 12, 15 und 18 Jahre. In Deutschland bedeuten die Zahlen die Laufzeit des Films in Wochen, also nicht verwechseln! Neben der Altersangabe gibt es noch zwei Buchstabencodes, „PG“ und „U“. „PG“ steht für „parental guidance“ und bedeutet, dass der Film einige brutale Stellen enthält, die für Kinder nicht unbedingt geeignet sind. Nichtsdestotrotz sind Kinder und Jugendliche für diese Filme zugelassen, auch ohne Eltern. „U“ steht für „universal“ und heißt, dass dieser Film für alle Altersgruppen geeignet ist.

Die Briten haben viele Wörter für „Kino“ : **pictures, flicks, pickies, movies.**

Flicks or goggle box?

Kino

preview	Vorschau
trailer	Ausschnitt zur Vorschau
matinee	Nachmittagsvorstellung
a late show	Spätvorstellung

No Sex Please – We're British. Unter diesem Titel entstanden ein Spielfilm und eine Comedy, die nach etlichen Jahren immer noch auf einer Londoner Bühne gespielt wird. Mit Erfolg! Die Qualität ist vergleichbar mit unseren Lederhosen-Jodel-Filmen aus den 60er und 70er Jahren.

TV

telly / tube / goggle box
Fernseher

quiz show	Quizsendung
a soap opera	Endlos-Fernsehserie
sitcom	Situationskomödie
variety show	Varieté
square eyes	Dauerglotzer
glued to the telly	fernsehsüchtig

Give me a tinkle

Telefonieren

Wer in Großbritannien telefonieren will, dem stehen zwei Sorten von Telefonzellen zur Verfügung: Die herkömmlichen, d.h., man wirft Geld ein und wählt einfach den Teilnehmer an, und die mit **Phonecard.** Eine **Phonecard** sieht wie die Telefonkarte in Deutschland aus, man kann sie bei der Post kaufen.

Sehr praktisch ist, dass man sich in jeder Telefonzelle zurückrufen lassen kann. Die Telefonnummern stehen auf jedem Apparat.

© H. G. Semsek

In der Post kann man nicht telefonieren. **British Telecom** *ist privatisiert und hat nichts mit* **Royal Mail** *zu tun.*

Give me a buzz!	Ruf mich mal an!
Give me a tinkle!	Ruf mich an!
Give me a ring!	Klingel mal durch!

To do your business

Klo & Co.

loo / bog	Klo
loo-roll / bog-roll	Klopapier
to do your business	aufs Klo gehen
to spend a penny, to take a leak	pissen
to have a shit 💣	scheißen
to have a crap 💣	kacken
to have a piss 💣	pissen
to have a wee / pee	pinkeln
bursting to go	ganz dringend müssen
to shake hands with the wife's best friend 💣	pinkeln gehen

Für artverwandte Bedürfnisse stehen folgende Begriffe zur Auswahl:

to burp / to belch / to kef	rülpsen
to poop	pupsen
to fart 💣	furzen
to let one out, to break wind	einen fahren lassen

To chat and blabber

Die lockere Sprache des Alltags

Hier eine Sammlung allgemeiner, lockerer Ausdrücke. Ich habe versucht, sie so gut wie möglich zu sortieren; Überschneidungen ließen sich aber auch hier nicht immer vermeiden.

verrückt, ausgerastet

crackers
verrückt

to be bonkers / to be a krankie
verrückt sein

to have a screw loose
eine Schraube locker haben

to go bonkers / bananas / nuts
ausflippen, verrückt werden

not all there / off your trolley / off rocker
sie nicht mehr alle haben

to be out of it
nicht ganz dabei sein

to have lost your marbles
nicht alle Tassen im Schrank haben

to be as mad as a hatter
total verrückt sein

gone haywire
ausgerastet

mad bastard / basket case / nut-job / nutter
Verrückter, Ausgeflippter

crackpot
exzentrische/ausgeflippte Person

looney bin / nut-house
Irrenanstalt

quasseln, brabbeln usw.

Außer dem bekannten **talk** gibt es noch eine Vielzahl von Wörtern, die „reden" genauer beschreiben.

He's whistling through his navel.
(Er pfeift durch seinen Bauchnabel.)
Er redet Quatsch.

He can talk the hind leg off a donkey.
Er redet unaufhörlich.

to chinwag / chat / gab / yack
schwatzen, quatschen, quasseln

to natter	labern
to mumble	murmeln
to mutter	nuscheln
to whisper	flüstern
to blabber	plappern

to rabbit on	ununterbrochen plappern
chatterbox / motor mouth	Plappermaul / Quasselstrippe

to waffle	brabbeln
to gossip	tratschen
to talk sense	gescheit reden
to talk rubbish / to talk gibberish / to talk gobbledygook	Unsinn reden
to talk out of your arse, to babble	Unsinn reden, viel reden

to yap, to talk through your elbows	sehr viel reden
to talk in circles, to beat around the bush	viel reden, aber nichts Gescheites sagen
to talk someone round	jemanden überreden
to talk someone into something	jemanden überzeugen
to talk someone out of s.th.	jemandem etwas ausreden
to sweet talk, to smooth talk	Süßholz raspeln, schmeicheln
to nag, to witter, to whinge	nörgeln, jammern, sich beklagen
to spill the beans, to let the cat out of the bag	Geheimnis verplappern
you can't get a word in edgeways	kein Wort dazwischen kriegen können

to send someone to Coventry,
to give s.o. the silent treatment
extra nicht mit jemandem reden

to be economical with the truth
nicht die ganze Wahrheit sagen

to make no bones about s.th.
direkt zur Sache kommen

to get down to the nitty-gritty
zur Sache kommen (unangenehm)

begrüßen / verabschieden

Hi!, Hiya!, Greetings!	Hallo!
Howaya?	Wie geht's?
How's things? **How's tricks?**	Wie schaut's aus?
Long time no see! **Hello stranger!**	Lange nicht gesehen!

= How are you?
= How are things?

Haven't seen you in donkeys years!
Haven't seen you for yonks!
Ewigkeiten nicht mehr gesehen!

Fancy meeting you here!
Du auch hier?

Hold on a sec'!
Hang on (a minute / sec)!
Wart mal 'ne Sekunde!

Wait on!	Wart mal!
Hold your horses!	Nun warte mal eben!
Just a sec / minute! **Hang about!**	Moment mal!
Won't be long!	Wird nicht lange dauern!
See you/ya later! **See you in a (wee) bit!**	Bis später!
See you / ya!	Bis bald!
See you in a tick!	Bis gleich/sofort!

Toodleoo! / Tara! / Cheers! / Bye!
Tschüss!

To chat and blabber

jemanden besuchen

to drop by/in, to pop by/in
to nip in, to pop round
reinschauen, vorbeikommen

to look in on someone
schauen, wie es jemandem geht (meistens alte Leute)

to call round, to brouse around
vorbeikommen

to have a rummage
im Laden rumgucken

Ach was!

Wenn man in einem Gespräch seiner Überraschung Ausdruck verleihen will, fehlen einem oft die Worte. Hier eine kleine Auswahl.

Diese Ausdrücke bedeuten im Grunde eigentlich alle „Ach was!".

You're pulling my leg!	Du machst Witze!
You're having me on!	Du nimmst mich auf den Arm!
You must be joking!	Glaub' ich nicht!
You're kidding!	Du scherzt doch!
a wind up	Scherz / jmd. ärgern
Pull the other one!	Erzähl das einem Anderen!
Come off it!	Erzähl doch nichts!
Get away!	Geh doch weg!

You don't say!	Ach sag bloß!
Get real!	Sei ernst!, Red keinen Quatsch!
baloney / cobblers / codswallop	Quatsch / Unsinn

Keine Ahnung!

I haven't got a clue! No idea!	Keine Ahnung!
It's news to me.	Das wusste ich nicht.
I'm not bothered!	Ist mir egal!
I don't give a shit / damn / toss!	Ist mir doch scheißegal!

Nein!

Nope!	Nein!
By no means! No way! Not by a long chalk!	Auf keinen Fall!
It's not on!	Kommt nicht in Frage!
It's out of the question!	Kommt überhaupt nicht in Frage!
It's unheard of!	Das gibt's nicht!

zustimmen, etwas mögen

Yeap!	Ja!
Too right! / Sure!	Natürlich!, Klar!
straight-up	wirklich, ehrlich!
Bob's your uncle!	Da hast du's!

something tickles your fancy
etwas sehr mögen

to be my cup of tea
genau mein Ding sein

to be your kind of thing
to be right up your alley
genau das richtige für dich

to have a soft spot for s.o./s.th.
eine Schwäche für jem./etw. haben

to fit like a glove
wie angegossen passen

glücklich sein

to be in heaven	im Himmel sein
to be on cloud nine **to be over the moon**	auf Wolken schweben
to be chuffed to bits, to be chuffed to pieces, to be thrilled to bits, to be thrilled to pieces	sehr glücklich sein
to be tickled pink, to be ecstatic	überglücklich sein
I feel great.	Mir geht's saugut.

rosa gekitzelt sein

Super!, Klasse!

a classic	ein unvergessliches Erlebnis
ace	Klasse, voll gut
fab / fabulous	saugut, Klasse, voll gut
brill / brilliant	spitzenmäßig, Klasse, toll
a okay	erste Sahne / Klasse
shit hot	affengeil
a beaut(y)/ stunning / groovy	toll, super
mind blowing	abgefahren
hunky-dorey	wenn alles gut läuft
okey dokey	okay, alles klar
super / superb	super
smashing	super, sehr gut
great / wicked / splendid	großartig, geil, total gut
amazing / awesome	unglaublich, geil, klasse

To chat and blabber

sound	astral, gut
gobsmacking	umwerfend
a killer	zum Schießen, toll
piece of cake / piece of piss	einfach puppig!
to rave about something	von etwas schwärmen

Oft wird vor den Ausdrücken **bloody** *gesagt. Man muss aber genau auf den Zusammenhang oder den Ton, in dem es gesagt wird, hinhören, denn meistens ist es ironisch gemeint.*

a knock-out / sensational / bloody marvellous / it's a scream / super dooper
großartig

It's the best thing since sliced bread.
It's the cat's whiskers.
Es ist einfach toll.

We had a hell of a good time.
Es ging uns großartig.

It's just what the doctor ordered.
Das ist genau das, was ich brauche.

better than a slap in the face with a wet fish
besser als gar nichts

to have a laugh, to have a whale of a time
Spaß haben

to be the bees knees
das Beste vom Besten sein

a sight for sore eyes
die Ansicht von etwas, das gut tut

cool, in

to have street cred	ein cooles Image haben
it's all the rage	in, modisch
to be trendy, to be with it	modisch sein, „in“ sein
to be in with the crowd	mit der Masse gehen, „in“ sein
trendsetter	jemand, der modisch genug ist, um eine neue Mode zu starten
a happening place	ein „In“-Lokal
a happening person	eine Person, die „in“ ist

genervt

to be narked off **to be hacked off** **to be cheesed off** **to be pissed off** **to be fucked off**	wütend / genervt sein
to be gutted	traurig / enttäuscht
to be as sick as a parrot	traurig / enttäuscht (über Verlust)
to be brassed off, to be wound up	genervt sein
to be at the end of your tether	total gestresst/ genervt sein
to be at your wits ends	mit den Nerven am Ende sein
to be narky, to sulk	schlecht gelaunt sein / beleidigt sein
to be stroppy	launische Person

fluchen

Für jeden gibt es am Tag mindestens einen Anlass, „Mist“ oder „Scheiße“ zu sagen. Die folgenden Wörter bedeuten alle eben genau das.

	fuck **flaming heck** **fucking hell** **bloody hell fire** **fucking hell fire** **shit**, **shite**	Scheiße! / Superscheiße!
Sodomit	**bugger**	
	bloody Norah **gosh / dash / damn** **God damn**	Mist! / Verdammt!
	damn/dash it all **God damn it** **blooming / flipping heck** **flaming hell** **for fuck's sake**	Verdammt nochmal!
	crikey / blimey **Gordon Bennett**	Verdammt! / Ach was!
Hoden	**bollocks**	Mist! / Kacke!
Hoden	**balls**	
Nüsse	**nuts**	Mensch!, Verdammt!
	It's the pits / crap / naff / sugar!	Mist!
	lousy, shitty	schlecht
	too bad for words **piss poor**	totaler Mist

bloody awful	beschissen
That's not on!	Kommt nicht in Frage!
(oh) Jesus **(oh) Jesus Christ** **(oh) Christ** **(oh) God**	ach Gott!

Angst haben

to crap yourself / your pants,
to shit yourself / your pants,
to shit a brick / bricks, to have kittens
Angst haben

something gives you the willies /
something gives you the creeps
etwas, das einen nervös oder ängstlich macht

fertig sein

geschunden	**to be knackered / to be wacked**	K.O. sein
struppig	**to be shagged**	geschafft sein
	to be pooped	geschlaucht sein
	to be fucked	abgefuckt sein
	to be tired out	erschossen sein
	to have had it	die Schnauze voll haben
	to be drained	wie durchgedreht sein
trockengelegt	**to feel like a zombie**	sich gerädert fühlen

ausruhen, pennen

to feel drowsy
schläfrig sein

to chill / chill out
nichts tun, ausruhen

to snooze / to have a snooze
ein Nickerchen machen

to veg/veg out
nichts tun, ausruhen

to have / take a nap
ein Schläfchen machen

	to hit the sack	ins Bett gehen
40 Mal zwinkern	**forty winks**	schlafen
	to nod off	einknacken
	to doze off	einpennen (vor dem Fernseher etc.)
	to have a kip	pennen
	to zonk out	wegratzen / schnell in tiefen Schlaf fallen
	to sleep like a baby	schlafen wie ein Baby

to sleep like a log	schlafen wie ein Murmeltier
to be in the land of Nod	im Land der Träume sein
to be dead to the world	im Tiefschlaf sein
haven't slept a wink	kein Auge zugemacht haben
sleepyhead	Schlafmütze
I was out like a light. **I was out as soon as I hit the pillow.**	Ich war sofort weg.

© David Hughes, Fotolia.com

Glück haben / Pech haben

to be lucky / jammy / **to be sporny / flukey**	Glück haben
tough / tough luck / **apples, hard cheese /** **lines / tough shit**	Pech gehabt
to make a balls of something, **to balls something up**	verpfuschen, verkehrt machen

To chat and blabber

better luck next time
mehr Glück beim nächsten Mal

third time lucky
beim dritten Mal Glück haben

to put your foot in it
ins Fettnäpfchen treten

Another one bites the dust.
Den Letzten beißen die Hunde.

Life's a bitch.
Das Leben ist eins der härtesten.

A person's got to face the music.
sich mit der Wahrheit abfinden müssen

verspotten

Bei den Engländern ist es sehr beliebt, den Gesprächspartner auf den Arm zu nehmen, um zu testen, ob er Humor hat.
Hat man diesen Test bestanden und ist man in der Lage, über sich selbst zu lachen und zu kontern, hat man schon eine große Hürde genommen.

to take the piss out of someone,
to take someone for a ride,
to rip someone off
jemanden verarschen

to take the mickey out of someone,
to have someone on
jemanden auf den Arm nehmen

to make fun of someone
sich über jemanden lustig machen

to get at someone
jemanden ärgern, anmachen

to pick on someone
jemanden veralbern

to slag someone off, to bitch about someone, to badmouth somebody
über jemanden lästern

to be on someone's case
jemanden nicht in Ruhe lassen

to be sarcky
sarkastisch sein

Schnell!

Chop chop!, Hurry up! Step on it!, Get your skates on!	Beeil dich!
Move yourself!, Get going!	Beweg dich!
Get moving!, Get a move on!	Mach zu!
Move your arse 💣!	Beweg deinen Arsch!
Get your arse into gear 💣!	Setz deinen Arsch in Bewegung!
Put your foot down!	Gib Gas!

Pull your finger out!	Drück auf die Tube!
to make a bee-line for s.th.	schnell/direkt auf etwas zugehen
to go like the clappers	sehr schnell gehen

Halt die Klappe!

	Shut your mouth/face!
Schleimklumpen	**Shut your gob!**
Falle	**Shut your trap!**
Käseloch	**Shut your cheese-hole!**
knöpfen	**Button it!**
Reißverschluss	**Zip up!**

Hau ab!

Get lost! / Beat it! / Get stuffed!
Verschwinde! / Verzieh dich!

Buzz / shove / push off!
Zieh Leine! / Zisch ab!

Scram! / Drop dead!	Hau ab!
On your bike!	Ab mit dir!
Don't bug me!	Geh mir nicht auf den Geist!
Get out of my sight! Get off my back!	Verschwinde aus meinem Blickfeld!
You get up my nose!	Du gehst mir auf die Nerven!
You get on my tits!	Du gehst mir auf den Geist!

Give up / over!
Hör auf!

Put a sock in it! / Lay off! / Give it a rest!
Halt die Klappe! / Hör auf!

Go and screw 💣! / Fuck 💣 yourself!
Hau ab! / Fick dich ins Knie!

Bugger off! 💣 / Piss off! 💣
Verpiss dich!

Fuck off! 💣
Verpiss dich! / Fick dich selbst!

Streit, Gewalt

to get someone told,
to put someone in their place
jemandem sagen, was Sache ist

to lecture someone, to preach someone
jemandem eine Predigt halten

to tell someone off
jemanden ausschimpfen

to get a rollicking
ausgeschimpft werden

to give someone a bollocking
jemanden zusammenstauchen

to put your foot down
etwas nicht zulassen

to grill someone
jemanden ausfragen

to fall out with someone
mit jemandem Krach haben

Pull your socks up!	Reiß dich zusammen!
aggro	Aufstand, Terz
a barney / argy-bargy	Streit
a scrap	Schlägerei
to smack, to bash	schlagen, prügeln

to wallop someone, to slap someone
jemanden schlagen

to whack someone, to flatten someone
jemanden verprügeln

to punch someone
jemandem einen Kinnhaken verpassen

to smash someone's head in
jemandem den Kopf einschlagen

to beat someone's brain out
jemanden tierisch verprügeln

to beat someone up, to thump someone, to hammer someone
jemanden zusammenschlagen

to kick the shit out of someone
jemanden halbtot schlagen

to bump someone off
jemanden umbringen

to get the rap
die Schuld kriegen

to be scared out of your wits
furchtbare Angst haben

granny basher
einer, der alte Frauen überfällt

paki basher
einer, der Asiaten (vor allem Pakistani) verprügelt

queer basher
einer, der Schwule verprügelt

weinen

to sob, to boo	heulen
to cry your eyes out	sich die Augen ausweinen
to cry your heart out	sich die Seele aus dem Leib heulen
to pour your heart out to someone	jmd. seine Sorgen erzählen
snot-rag / hankie	Taschentuch

Gefängnis

to be bent	unehrlich sein
to nick something, to pinch something	etwas klauen
to hit and run	jemanden überfahren und weiterfahren
to get nicked	gegriffen (verhaftet) werden
to get done	verurteilt werden
to get sent down	ins Gefängnis müssen
to do time, to do porridge	seine Zeit absitzen

to be behind bars / in stir / banged up
hinter Schloss und Riegel sitzen

to dodge the law
dem Gesetz entweichen

the Old Bill, the boys in blue
die Polizei

cop-shop	Polizeiwache	
the pigs / the cops	die Bullen	
slammer (to slam)	Knast	*Tür zuknallen*
nick	Bau	*Kerbholz*
cell	Zelle	
bail	Kaution	
bracelets	Handschellen	*Armreifen*

sterben

to snuff it — *Kerze ausblasen*
ins Gras beißen

pushing up the daisies — *Gänseblümchen*
die Radieschen von unten betrachten

to kick the bucket	den Löffel abgeben	
to pop off, **to pass away**	abkratzen	
to drop dead	unerwartet sterben	
dead as a dodo, **dead as a doornail**	mausetot	*ausgestorbene Vogelart*

Körperliches

dwarf / midget / titch / shorty	Zwerg, Knirps, Winzling
dumpy	klein und dick
plump, chubby	mollig, pummelig
to be on the chubby side	etwas pummelig sein
to have a few spare tyres	Fettrollen haben
meaty, stocky	kräftig gebaut, fett
dumpling	Kloß, Pummel
porkie, porker	Dickwanst
fatso / lard-arse	Fettwanst / Fettarsch
cuddly	knuddelig
built like a brick	groß und muskulös
shithouse	fett und wenig Hirn
lanky	Lulatsch
skinny, scrawny, puney	mager, dünn
scraggy	dürr, knochig
thin as a rake	Bohnenstange
built like a matchstick	dünn wie ein Streichholz
to be knockkneed	X-Beine haben
to be bowlegged	O-Beine haben
a wimp	Schwächling
to be the dead ringer for s.o./ to be the spitting image of s.o./ to be the double of s.o.	genauso wie jemand anders aussehen
lookalike	Doppelgänger

Smart & arse

Schimpfwörter & Beleidigungen

Eine ganze Reihe der folgenden Schimpfwörter müssen - in der entsprechenden Umgebung und gegenüber Freunden gebraucht - unter Umständen nicht beleidigend wirken. So, wie man auch bei uns einen guten Kumpel mit „Na, du alter Penner!“ begrüßen könnte. Der Ton macht die Musik. Trotzdem, besser nicht in den Mund nehmen.

show-off	Aufschneider
poser	Angeber
loudmouth	Großmaul
butch	Macho
clever clogs	Besserwisser
smart-arse 💣 **clever dick**	Klugscheißer
do gooder	Streber
goody-goody	Musterknabe
boffin, swat	Streber, hochintelligente Person
to be full of him-/ herself	eingebildet sein
selfcentred	egoistisch
stuck-up, snooty	hochnäsig
toffee-nosed	eingebildet
snobby	snobistisch
yuppy	junger Professioneller
romeo	Casanova

yuppy = young urban professional

jack the lad	Hallodri
womanizer	Frauenaufreißer
he thinks he is God's gift to women	einer, der denkt er könne jede haben
sweet / smooth talker	Schmeichler
big-mouth	Großmaul
square, bore	Langweiler
party pooper	Spielverderber
bully	einer, der rum-kommandiert
bossy	herrisch
cocky	arrogant
to be over the top	übertrieben sein in Klamotten / Art
to have a chip on your shoulder	Komplexe haben u. verbittert sein
tosser, wanker	Wichser
pain in the neck pain in the backside / arse	extrem nervender Typ
to get on s.o.'s nerves	jemandem auf die Nerven gehen
to be pushy	aufdringlich sein
shithead	Blödmann, Scheißkerl
arsehole, dickhead	Arschloch
sod	Arschloch, Saukerl
arse-licker	Kriecher
scum, scumbag	Abschaum,gemeine Person
poisoned dwarf	kleine gemeine, gehässige Person
wally, nitwit, thickie	Dummkopf

prick	Blödmann
pratt	Knallkopf
dope	Depp
nerd	Heini, Depp, total unmodisch
twit, twerp	Doofie
pillock, plonker, twat, wazzock	Idiot
drip	dämlich
wet	blöde
to be as daft as a brush	dumm wie Bohnenstroh sein
to be as blind as a bat	blind wie eine Fledermaus sein
to be a sad case	daneben/unmodisch/blöd sein
to be a sad bastard	
to be two cans short of a six pack	etwas dumm sein
thick as pigshit, thick as two short planks	total dumm
dippy, dizzy	etwas dämlich / durcheinander sein

Frauen

wench, scrubber	Weib
airhead	dumme Frau
dumb blonde	dummes Blondinchen
bimbo	dumme aufgemotzte Blondine
blonde bombshell	sehr hübsche Blonde
page 3 girl	Oben-ohne-Modell in Zeitungen
slag *(Schlacke)*, **bike**	eine, die es mit jedem macht
easy lay	eine, die man leicht 'rumkriegt
hussy, slut 💣	Flittchen, Schlampe
tart 💣 *(Torte)*	Hure
cheap *(billig)*, **common**	ordinär
to be a good ride	gut im Bett sein
to be stunning, a stunner	wunderschön sein, eine fesche Mieze

Schwule

poofter, poof, bender, nancy, faggot / fag, uphill gardener wooly woofter, queer, queen, mincing queen, arse-bandit, fairy (Verzauberter)	Schwuler
bummer 💣	Arschficker
pansy	Tunte
camp	tuntig
lesbian / les, dyke, lemon	Lesbe
women in comfortable shoes	Lesben

Leute

crumblies, wrinkly	alte Leute, alte Person
old bag, old bat	Alte
old fogey, old biddy, old cow	alter Knacker, alte Vogelscheuche
my old man	mein Vater, Ehemann
nipper	kleines Kind
number one	ich

crumblies = *krümelig*

Volksgruppen

Überall auf der Welt werden Ausländer, Randgruppen u. ä. mit abwertenden Bezeichnungen belegt. Das ist auch (oder gerade) in Großbritannien nicht anders. Alle folgenden Ausdrücke sind sehr beleidigend, man sollte sie also nicht verwenden:

Essex girls *werden in Witzen als doof und ordinär dargestellt.*

brummies	aus Birmingham
Essex girls	Mädchen aus Essex
scousers, scally	Liverpooler
cockneys	Londoner
mancs	aus Manchester
geordies	aus Nordostengland

paddies	Iren
jimmies	Schotten
taffies	Waliser
yanks, yankees	Amerikaner
slit-eyes, slant-eyes	Asiaten
chinkies	Chinesen
krauts	Deutsche
frogs	Franzosen
wops	Italiener
japs	Japaner
spiks	Lateinamerikaner
pakis	Pakistaner
commies	Kommunisten
jungle-bunny, spearchucker, wog, nigger, coon	Schwarzer
dagos	Spanier

Dressed to kill

Zwischengeschlechtliches

Das ist natürlich ein höchst interessantes Gebiet. Und wie bei allem, was tabuisiert, anrüchig oder auch nur pikant ist, gibt es hier eine wahre Fundgrube von Slang- und Szene-Ausdrücken. Der Witz bei der Sache ist natürlich, dass man nicht jeden Ausdruck in jeder Situation anwenden kann und vor allen Dingen nicht unbedingt gegenüber dem anderen Geschlecht.

Einige Ausdrücke sind recht zotig und nicht unbedingt zum Gebrauch gedacht. In der deutschen Übersetzung habe ich versucht, möglichst adäquate Wörter zu finden. Man erschrecke also nicht über vulgäre Ausdrücke!

Die Frau

chick, doll	Mieze, Puppe
lass, bird	Mädchen
bit of skirt, bit of crumpet, bit of fluff	hübsches Mädchen

Der Mann

bloke, fella, geezer lad, chap, guy	Kerl, Typ

stud = *Casanova*

ER zu IHR (Kosenamen)

duck *Ente*, **chicken** *Hühnchen*, **petal** *Blütenblatt*, **love** *Liebe*, **darling** *Liebling*, **pet** *Schoßhund* (Liebling, Schätzchen), **sunshine** *Sonnenschein* (Spätzchen), **treasure** *Schatz*, **sweetheart, honey, sweetiepie**

Allgemeines zum wichtigen Thema

to chat someone up	jemanden anquatschen
to make a pass at someone	jemanden anmachen
to make eyes at someone, to eye someone up	jemandem schöne Augen machen
to droole over someone	jemanden, auf den man scharf ist, anstarren
to fancy someone	jemanden besonders mögen
to have the hots for someone, to fancy the pants of someone, to have a crush on s.o.	auf jemanden scharf sein
to be forward	sich ranmachen
to make bedroom eyes	jdn. provokativ anschauen
to pick someone up	jemanden kennenlernen
sexpot, sex-bomb	sexy Person
to have a lump in your throat	einen Kloß im Hals haben
to ditch / dump someone	mit jdm. Schluss machen
like a cat on hot bricks	nervös sein
to go wobbly at the knees, to go to jelly	aufgeregt sein, wenn man jemanden sieht, auf den man scharf ist

to pull yourself together	sich zusammenreißen
Two's company, three's a crowd.	Drei sind einer zuviel.
She's lovey dovey.	Die ist süß, verkitscht, romantisch.

She's soppy.
Sie ist überlieb und romantisch.

He / she's fit.
Er / sie sieht gut aus.

Dressed to kill

He's a hunk.
Er sieht männlich aus.

He's raunchy.
Er ist attraktiv, sexy.

to go out with someone
feste Bekanntschaft haben

to fall for someone
sich verlieben

He / she makes you melt.
Er / sie bringt dich zum Schmelzen.

a one night stand
Affäre für eine Nacht

to smooch
eng tanzen oder knutschen

just for kick
nur zum Spaß

just for the hell of it
nur mal so

to pick someone up
jemanden abschleppen

to stand someone up
jemanden versetzen

to use someone	
jemanden ausnutzen	
Absence makes the heart grow fonder.	
Trennung vergrößert die Liebe.	
Out of sight is out of mind.	
Aus dem Auge, aus dem Sinn.	
sugar daddy — toyboy	
älterer, reicher Liebhaber – jüngerer Liebhaber	

to be under the thumb
= *unter'm Pantoffel sein*

someone's other half
= *die andere Hälfte (Partner)*

Geschlechtliches

So, und nun zu den für diese Art Vergnügen wichtigen Körperteile. Die in Klammern angegebene wörtliche Übersetzung (falls möglich) gibt ansatzweise Aufschluss über den jeweiligen Sprachlevel.

Körperteile

bottom *(Unterseite)*	Po, Hintern,
bum *(Hintern)*	Arsch
seat *(Sitz)*	
rear *(Hinterteil)*	
backside *(Hinterseite)*	
arse *(Arsch)*	
buttock	Pobacke

dick *(Dieter)*	Penis,
cock *(Hahn)*	Pimmel,
tool *(Werkzeug)*	Schwanz
prick *(Stachel)*	
willie *(Wilhelm)*	
knob *(Beule)*, **percy**	
thing *(Ding)*	
rod *(Rute)*	
plonker, shlong	
a wife's best friend	

bollocks, gonads	Hoden, Eier
balls *(Kugeln)*, **sack**	
nuts *(Nüsse)*, **scrote**	
knackers, goolies	

boobs, baps	Busen, Brüste
melons *(Melonen)*	Titten
jugs *(Krüge)*	
knockers *(Schläger)*	
coconuts *(Kokosnüsse)*	
bust *(Büste)*	
breasts *(Brüste)*	
well stacked *(gut ausgerüstet)*	
tits *(Titten)*	

fanny, beaver	Vagina,
pussy *(Muschi)*	Muschi, Möse
crotch *(Gabelung)*	
clit *(Klitoris)*	
twat *(Fotze)*	
cunt *(Fotze)*	
furry purse	
cunny, vag	

Vorspiel

foreplay	Vorspiel
to be in the mood	in Stimmung sein
to be horny, **to be randy / turned on,** **to feel fruity**	geil sein
snogging, to canoodle	knutschen
necking, nookie	'rummachen
french kiss	Zungenkuss
to have a hard on, **to have a stonker,** **to have a boner**	eine Latte haben

Nudism = *FKK*

brewer's droop	zu besoffen sein, um einen hochzukriegen
johnny, durex, rubber	Kondom
prick-teaser *(Pimmelquäler)*	eine Frau, d. Männer scharfmacht und dann nicht will
cradle-snatcher	einer, der mit einer viel jüngeren Person zusammen ist
to be in the nude, to be stark naked	nackt sein
to be starkers	Kerl, Typ
to be in your birthday suit	Adamskostüm
nudist	Nudist
skinny dipping	nackt schwimmen

bumsen

to screw *(schrauben),*
to bonk, to hump, banging
to shag *(struppig machen)*
to have, to do it *(es machen)*
to have a jump
to have a knee-trembler *(Knie-Zittern)*
to get laid *(gelegt werden)*
to romp *(umhertollen)*
to go all the way
to rattle bones
to fuck *(ficken)*
to come *(Orgasmus haben)*
to fake it *(so tun als ob)*
to have a handy *(Hand anlegen)*

Spezialitäten

blow job, to suck off, to go down on someone	Oralverkehr (was sie macht)
to lick her out, to steam clean	Oralverkehr (was er macht)
sixtyniner, cunnilingus	Oralverkehr (beide)

kinky	etwas pervers
to be in drag	sich als Frau verkleiden
bondage, S & M *(Sadomasochismus)*	mit Fesseln

pimp	Zuhälter
red light district	Nuttenviertel
tart, whore, prosy	Nutte
on the game	auf dem Strich

und dann ...

to have a bun in the oven, to be in the club, to be knocked up, to be preggy	schwanger sein

to shack up with someone
mit jemandem zusammenziehen
to pop the question
Heiratsantrag machen
hen night
Polterabend für Frauen
stag night
Polterabend für Männer

© itsallgood, Fotolia.com

to get wed, to tie the knot	heiraten
to walk down the aisle	kirchlich heiraten
honeymoon	Flitterwochen
her indoors / hubby	Ehefrau / Ehemann
to be under the thumb	unter'm Pantoffel sein
to be henpecked	von der Frau rumkommandiert werden
to drop a sprog	ein Kind bekommen, entbinden

Alleine?

to toss off *(Reiter abwerfen)*
to wank *(wichsen)*
five finger shuffle *(5-Finger-Mischen)*
to pull your plonker *(am Pimmel ziehen)*
to play with yourself
to get hitched

Literaturempfehlungen

Sprachbuch Großbritannien/Irland
von Emer O'Sullivan und Dietmar Rösler, Rowohlt. Lesetexte und Comics aus dem Alltag. (Gut als Ergänzung geeignet.)

Talk one's head off
von C. H. Wacker und H.-G. Heuber, Rowohlt. Englische Redewendungen und ihre deutschen Entsprechungen.

Modern Talking
von Emer O'Sullivan und Dietmar Rösler, Rowohlt. Englisches Quasselbuch mit Sprüchen und Widersprüchen.

Englisch, wie es nicht im Wörterbuch steht
von Arthur Steiner, Bastei.

PONS Kompaktwörterbuch
Englisch-Deutsch / Deutsch-Englisch. Es bietet auf über 1.300 Seiten ca. 100.000 Stichwörter und Wendungen.

PONS Cambridge International Dictionary of English
Ein einsprachiges Wörterbuch mit ca. 50.000 Stichwörtern und ebenso vielen Idiomen.

Wortregister

© chrisharvey, Fotolia.com

Auf den folgenden Seiten findet man ein alphabetisch geordnetes Verzeichnis der meisten Begriffe, die in diesem Buch vorkommen. Hinter jedem Ausdruck steht die Seitenzahl, auf der der Ausdruck mit diesem Wort zu finden ist.

A

B

Die Autorin

Geboren wurde **Veronica Sierra-Naughton** am 30.3.1970 in Bogotá (Kolumbien) als Tochter eines kolumbianischen Vaters und einer englischen Mutter.

Mit ihrer Familie zog sie viel zwischen Kolumbien, England und Deutschland hin und her, bevor sie schließlich in Halifax, England, ihr Abitur machte. Englisch war die Sprache, die sie tagtäglich, nämlich zu Hause, sprach. Aber nicht nur durch den „Hausgebrauch" der englischen Sprache, sondern besonders durch den Aufenthalt in England wurde sie mit dem britischen Slang vertraut. Sie lebt jetzt in England und studierte dort „International Office Management" in Buckinghamshire.